语言与哲学问题

[瑞典] S. 斯大恩拉德 著 ／ 张学广 译

陕西师范大学出版总社有限公司
西安曲江出版传媒股份有限公司

图书代号:SK11N0984

图书在版编目(CIP)数据

语言与哲学问题/(瑞典)斯太恩拉德著;张学广译.
—西安:陕西师范大学出版总社有限公司,2011.9
ISBN 978 – 7 – 5613 – 5729 – 3

Ⅰ.①语… Ⅱ.①斯… ②张… Ⅲ.①语言哲学—研究 Ⅳ.①H0

中国版本图书馆 CIP 数据核字(2011)第 170585 号

Language and Philosophical Problems © 1990 Sören Stenlund
by Routledge, a member of the Taylor & Francis Group
本书根据泰勒 & 弗朗西斯集团公司 1990 年版译出。

语言与哲学问题

作 者	[瑞典] S.斯太恩拉德	
译 者	张学广	
编 辑	王 磊	
设 计	张 鹏	
出 版	陕西师范大学出版总社有限公司	
	(西安市长安南路 199 号 邮编 710062)	
发 行	西安曲江出版传媒股份有限公司	
	(西安市雁塔南路 300 – 9 号曲江文化大厦 C 座 邮编 710061)	
网 址	http://www.snupg.com http://www.xaqjpm.com	
印 刷	陕西地质印刷厂	
开 本	880mm×1230mm 1/32	
印 张	7.75	
字 数	170 千	
版 次	2011 年 9 月第 1 版	
印 次	2011 年 9 月第 1 次印刷	
书 号	ISBN 978 – 7 – 5613 – 5729 – 3	
定 价	29.00 元	

读者购书、书店添货或发现印刷装订问题,请与本公司营销部联系、调换。
电 话:(029)85458066 85458068(传真)

CONTENTS/
/目 录

数学中的形式与内容

序 言

　　本书由三部分组成。各部分与其说是系统展开的章节,倒不如说是可以独立阅读的文章。尽管三部分外观有别,但面对一些共同的问题,并以这种方式达到相互补充。三部分的一个共同主题是我们被关于语言的某些流行看法和先入之见所误导的趋向。这些文章所共享的另一点是它们解决各自问题的方式。

　　我在本书所呈现的不仅是哲学研究的结果,而且是探索和解决概念的和哲学的问题的思维方式,尤其是那些由于超越各种专门概念和方法的使用界限而产生的问题。正如贯穿全书的许多例子所表明的,我们发现这类问题比起初预料的要多。

　　许多表面看上去属于不同种类的问题的这一共同根源,被哲学问题在其中被分类的某些传统方式,以及被已接受的哲学主题再划分的方式所掩盖。为了指明这一点,我们需要处理来自不同哲学领域的大量问题,包括来自语言哲学、心灵哲学、逻辑哲学和数学哲学等,尽管这意味着其中一些问题只能被简要地讨论。

　　形成这里所呈现的思想,我曾得益于许多思想来源,不只是来自其观点我更倾向于批判的哲学家们的著作。但是,我的一个最主要的灵感来源是路德维希·维特根斯坦的著作。若说我所写下的大部分内容是对以这种或那种形式可以在维特根斯坦那里找到的思想的应用或阐述,也许是对的,但我不想更多追加说明。我得出的结论是否或多大程度上会得到维特根斯坦著作的支持,这对我在本书中必须指出的来说倒并不重要,重要的是这些被讨论的问题以及提议解决它们的方式。

帕尔·塞格达尔(Pär Segerdahl)、彼得·泰伦(Peter Thalén)和斯万·奥曼(Sven öhman)曾阅读本书的初稿,他们都提出了有价值的建议。经过克赖格·蒂尔沃特(Craig Dilworth)和约翰·斯威顿马克(John Swedenmark)的努力,我的英语水平得以极大地提高。我尤其要感谢斯图亚特·山克尔(Stuart Shanker),是他鼓励我写作此书,并对部分手稿提出很有价值的评论。本书的研究写作得到瑞典人文和社会科学研究会的大力资助。

语言、心理与机器

LANGUAGE

MIND AND MACHINES

导　论

在当前的哲学和语言学理论中有一种流行趋向,即忘记理论显现与被显现者之间的区别,将目前有关语言理论化中起主导作用的专门概念和方法的规则与显示于我们日常语言使用情境中有关语言的规则混合起来。某些专门概念和方法确立得越多,这一趋向就越是不可避免,其结果是,专门概念和方法的正确性和局限性问题便不再被提出,专门概念和方法的可应用性界限被当做语言的界限,与专门的和形式的方法相关联的语言概念被当做我们的根本概念。

当专门概念由熟悉的语词或短语(诸如"语言"、"句子"、"名称"、"为真"、"指向"、"解释"、"意义"等)的专门使用构成,而这些语词或短语具有已确立的非专门用法时,这一趋向最成问题,最具诱惑。专门用法和非专门用法之间形式上的相似性——这可以启发新的概念——使得好像专门概念不是得自构造,不是新的概念,而是旧概念内在固有的东西,某种眼下才"变得清晰"的东西。界定这些专门概念的规则被误以为揭示旧概念(隐含的真实)本性的原则。同一熟悉的语词被用于两种概念上不同的使用形式强化了这一混淆。

这便是当代语言学理论和哲学中许多成问题的概念和方法起源于数理逻辑和元数学的根由。形式逻辑对语言学理论发生影响的关键是,元数学中采用了语言学视角,也就是将某些数学演算看成形式语言的观念。这一观点促使语言学术语涌入元数学,例如像"元语言"和"对象语言"中"语言"一词的使用,以及诸如术语"表达"、"形式"、"意义"、"解释"、"翻译"、"句法"、"语义学"、"指谓"、"使用"、"提及"、"断言"等。然而,这些术语在元数学中被给予新的专门用法,大部分是由数理逻辑的努力所支配的用法。而这些努力借助数学方法,根本旨在构造和研究各种数学演算,如谓词演算,并使用数学工作中典型的"理想化"方法。

传统语言学术语的这一专门使用被不加批判地反过来引入对实际语言的研究,其结果是,主导现代语言学理论和语言哲学的是人们可称之为演算概念的语言观,即一种总体上与形式逻辑系统类似的作为演算或形式系统的语言观。正是依据这一观点,语言学术语的新的专门使用似乎不再成问题,并且被正当地使用于日常语言。① 理解这一演算概念重要而困难的地方是,它如何将自己在来自传统语言学用语和日常话语的那些熟悉的语词的使用中,而不是更多地在数学记法系统和技巧的明确使用中(尽管也出现),显现为根本的概念。

因此,同样重要的是,要对作为专门的科学方法论(例如模型理论和形式语义学)范式的演算概念和作为语言的根本概念的演算概念做出区分。作为一种科学方法论,作为构造各种语言现象模型的一种范式,演算概念有其局限性(正如所有科学方法都有局限性那样),其应用必须由解决科学的和专门的问题的成功来辩明。当然,这一应用的确获得了成功,而且不只在计算机科学的发展和"自然语言加工"方法的构造上。但是,这些科学方法和原则的成功应用并不能证明可以正当地将其当做一般规范原则,后者正是将演算概念当做根本概念的态度中所包含的东西。确定诸如"语言"、"表

---

① 语言的这一演算概念是被罗尔·哈里斯(Roy Harris)称为"语言机器的神话"的更一般的语言观念的特殊情况。R. 哈里斯在《语言机器》(纽约:康奈尔大学出版社,1987 年)中对这一观点的历史起源和进化做了考察。

达"、"句子"、"命题"、"指称"、"解释"等语词的专门用法的规则，起初被用于研究和描述形式系统，现在被不加考察或论证地挪用于总体上对语言的描述和研究。科学的方法、概念和技巧以这种方式，通过构造意义理论、言语行为理论、语言学习理论等等，宣称自己是回答关于语言本质和功用的哲学问题的合适工具，获得了"哲学方法论"的地位。然而，这一方式只是增加了概念混淆而已。例如，以源于元数学的语言表达观念为基础，"说话者口中发出的纯物理声音如何能意味某事、能表达思想和意向"就成了重要问题，而基于语言的演算图像，对人们如何能够理解以前实际上不曾看到或听过的句子这一点会感到神秘，变得需要以理论说明。

这类哲学问题的困难在于，要抵制把这类问题当做科学问题并通过理论构造和理论说明加以解决的诱惑，因为即使这类探究能导致很有用的专门成果（作为副产品），它也（正是出于这一理由）会掩盖概念混淆，而概念混淆正是哲学问题的原因。解决哲学问题的关键是对基本概念的概念澄清，而不是在未加充分理解的各种概念的基础上建立另外的构造物和新的专门概念。

本书将表明，这一演算概念的各种显现物如何处在目前流行的许多概念的和哲学的问题的根基。人们将看到，许多这类概念问题盘根错节地处于大量哲学问题的分类边界。其结果是，本研究将致力于语言哲学、数学哲学、心灵哲学以及人工智能哲学讨论中的相关问题。

自然语言概念

更具体地说,作为根本的语言概念的演算概念①包括些什么呢?

1. 它将自身显示于"自然语言"术语的典型用法中。自然语言被看做"原则上"是形式语言。(例如,这在戴维森和蒙塔古的著述中显而易见。)

2. 形式和内容、表达和意义的分离。应该说可以对与其意义有关的一种语言的表达式的所有外在特征给予(至少原则上的)具体说明,而在这一具体说明中不涉及或不预设表达式的意义或用法。对意义和用法的分析可能有必要寻找具体说明、隔离表达式的有关特征,但是,前者一经找到,具体说明就可以"独立于内容和用法"而被陈述和理解。(我称此为关于表达式及其用法的外在的或专门的形式概念,下面我会将其与表达式及其用法的逻辑形式相对照。这一逻辑形式概念不能与通过形式逻辑方法、通过形式化显示的表达形式混淆,后者属于外在形式。)

3. 将一种语言与其在实际生活情境中的使用间的关系,看做跟一种演算或理论(例如概率演算)与其应用间的关系相同。语言完全被通过其句法的和语义的规则而界定为语言。语用规则,一种语言在实际情境中的使用规则,基于其句法和语义加以确定,后者从而被认定为概念上先于和独立于语用规则。

这一点可以更一般地陈述如下:语言表达式的逻辑语法被认定

---

① 我的论文《论最近某些意义理论中的语言概念》(《综合》,79(1989),第51—98页)、我的著作《数学哲学研究》(斯德哥尔摩:泰勒斯出版社,1988年)以及本书的各部分对语言的演算概念的这些特征进行了讨论。

为形式上可具体指明的(从作为专门形式的"形式"概念看)。就是说,一个表达式的使用条件始终在满足这些条件的使用情境之外的某一系统框架内被认定为可具体指明的。

4. 分子性。存在着构成语言的"基本语义单元"或"分子"的东西(通常是语言的句子),其意义被认为由这些分子的某种形式独特地确定。(例如如果语言的分子是句子,那么应该说存在着形式上可具体指明的句子式样或句子的句法形式,意义正是在此基础上被确定。)

5. 一些特征依赖于作为函项演算(如谓词演算)的更特定的演算概念。

(ⅰ)复合性,或更一般地说:"成分"、"部分/整体"、"简单/复合"概念作为数学的函数记法,被用作一种范式。这些概念的语法是这些表达式的数学用法的语法。

(ⅱ)"确定"和"依赖"被当做函项,即有关语言的这一概念化中被使用的"……由……确定"概念,是概念上由数学函数来表达的类型(即使在数学记法中没有被清楚表达)。

(ⅲ)逻辑形式总体上通过函数来表示。(这本身就是许多概念混淆的一个原因。例如,与函数关系相比,没有内在关系和逻辑依赖存在的空间。情境依赖、语境依赖等概念被理解为函数依赖。)

(ⅳ)所使用的规则概念是数学的或算术的概念(正如人们所说的,借助句法规则可以生成无限多的语句)。

(ⅴ)有关语言的这一理论化中所使用的"有限"、"无限"、"序列"、"串"等概念,是我们通常联系数学演算而使用的概念。

更一般地说,数学工作中典型的"理想化"或"对物理的和实践的环境的抽象",被理所当然地认为适用于对语言本性的研究和描述,这当然意味着,这种物理的和实践的环境被看做对作为语言的语言来说并非根本。因此,对于作为根本概念的演算概念来说,总体上存在着关于语言的本质的确定的态度和预设。

"自然语言"术语在与"形式语言"和"人工语言"术语相对立的意义上使用,但重要的区别在于,自然语言不是作为人工语言被实际构造的,不是作为形式语言实际显现的。然而,它们被分析和研究着,似乎"原则上"是形式语言。在自然语言那复杂的、看上去混乱不堪的表面背后,存在着——按照这一思维方式——决定其构造和功能的规则和原则,而且被认定,这一隐藏的结构与形式系统的句法的和语义的理论相似,可以展现为一种理论——区别在于,这一理论会极为复杂。事实上如此复杂,以至于我们从不能希望实际上构造出比自然语言片段更复杂的东西。

在构造语言理论的实践中(在此语言确实意指特定的东西),上述态度实际上相当于下面观点:在形式系统的描述中所采用的方法和概念,在应用于一般的语言研究时不存在概念的界限,所存在的界限只涉及专门的经验内容和复杂程度的区别。

要像目前语言哲学中所用的那样使用"自然语言"术语,实质上就使自己委身于这一教条。在这一用法中要说"自然语言不是演算或形式系统",多半意味着自然语言不显现为形式系统,也不从人工语言开始。就此而言,大家当然都同意。但这样表达并没有被理解为是在质疑作为根本概念的演算概念,就因为演算概念被看做是根本的。

有关目前对"自然语言"术语的使用,我们还可以指出,它预设了自然的和人工的语言都置于其下的一般的语言概念。那么这里有关语言的共同观念是什么? 在我看来,这一共同的观念以其最一般形式表达如下:一种语言由其词汇(词素)和语法,或者——在元数学和逻辑语义学的影响下——由其句法和语义确定。

无论如何,这就是对如下问题的回答:"传统语言学理论有关语言的一般观念是什么?"或"根据传统语言学理论,对一种语言做出(完整)描述所包含的共同观念是什么?"总的来说,关于各种语言的本质的共同的特征被等同于有关语言的传统理论化范式。在目前的语言学理论中,这一观念可以概括为:将一种语言"归根结底"看做一种形式系统。

概念研究

如果我们不考虑"语言"一词在传统的和当前的语言学理论中的用法(或用法家族),将语言不是看做有待被科学地说明的经验现象,而是总体上看做在生活中、在人类事务的使用中(即不仅仅在有关语言的理论化的人类活动中)所呈现的那样,那么我们就会发现根本得多的特征。例如,我们发现,语言表现为人际语言交流的各种不同形式。语言与交流相关,这一关联不只是经验的或历史的事实,而且是一种概念的关联。语言与交流不可分割的观念,一定意义上会误导人们认为语言的主要目的或主要功用是人际的交流——之所以误导,是因为它诱导人们将语言总体上看做一种发明、看做出于特定目的所构造出来(像专业术语表、专门术语或形式系统)的观点;它还提示人们,似乎没有关于语言的观念,交流(思想、观念、信息、消息、请求、情绪等)的观念也是可能的。但是,我们的交流概念与语言同样深远。

在目前所谓的语用学和言语行为理论中,"语言的交流方面"的重要性在某种意义上得到承认,但也只是作为被传统语言学理论忽视的补充方面,其概念上的重要性还未得到认可。语用学理论通过阐明传统观点偏离实际语言实践的那些语言现象,力图补充传统语法和形式逻辑的语言观。语言交流以及我们使用语言的各种特征被看做这样的经验现象,它们有待基于将语言看做根本上复杂的(形式)系统这一观点进行理论的说明和阐释。交流中语言表达式的使用被看做一种可具体指明的规则和原则的系统的("默会的")应用。①

依据这样的理论态度,语言实践被看做有待科学说明的对象,或基于一种可考察的根本原则系统加以阐释的经验现象,该系统获得了总体上看待语言的规范(而且有时是形而上学的)地位。在这里所应看到的概念研究中,我们的兴趣将聚焦于人类生活的各种环境中所实际使用的语言,而且描述代替了理论说明和理论构造。对一种理论的方法论原则的、绝对的、规范的地位的这一拒斥,并不意味着否定语言的、概念的和逻辑的、秩序的存在,而意味着拒斥对这一逻辑结构的(预设的)省略性看法。它由此还意味着拒斥对一种(部分)语言的逻辑结构做完全形式上的具体说明的看法。②

我们对这一概念研究中所感兴趣的语言的逻辑结构某种程度上只在于,它完全显现于语言实践,显现于人类环境中语言表达式的使用形式。这意味着,作为理论构造和理论说明的典型特征的那种理想化、简单化和概括,在我们对语言形式的描述中没有地位。如果采用了理论的概念和方法,也只是出于描述或比较的目的,而不是为了说明的目的。

---

① 对语用学这方面概念上不连贯的批判性揭示,见帕尔·塞格达尔(Pär Segerdahl),《对语用学逻辑程序的批判》,语言学系,乌普萨拉大学,1988 年。

② 这关联着现代语言哲学的各种"否定性结果",涉及"证据不足的说明"(underdetermination)、"翻译的不确定性"、"有关遵守规则的怀疑论"、"正宗的意义理论"的不可能性等等。

　　描述和说明的混淆是概念研究结果中最常见的误解的根源。理论态度一旦占主导地位,对概念关系的描述便倾向于成为理论概括,或成为要产生简明理论原则的看法和建议。实际语言使用的事实不允许进行自我辩护,在理论态度中,这些事实被有关语言的某个论题要么当做证据,要么当做反例。这里所表达的概念研究的结果只能在这样的程度上理解,即所描述的语言特征可以被体验或回忆为我们自己语言实践的事实,而不能作为有关语言的某一理论论题的例证。这里所要求的反思行为,或宁可说是无偏见的观察行为,与理论态度无关。

　　理论态度的典型特征是,哲学研究的概念被看做理智研究的最一般和最"抽象"的概念,或被看做涉及实在中某些最抽象的方面。与此相反的一种观点则认为,哲学研究——如这里所赞成的——是最具体的研究,是一种最接近根基的研究。

　　当前的概念研究并不是一种新的哲学观,而可说是出于哲学目的采用的有关我们语言使用事实的日常非哲学"观"。

作为"普遍媒介"的语言

　　雅克·辛提卡(Jakko Hintikka)曾引入"作为普遍媒介的语言"用语,以与"作为演算的语言"观点加以对比。① 这一对比与我做出的如下对比有些共同特征,即把语言整体上看做一种根本方式的演算概念和把对语言的研究看做一种特定科学方式之间的对比,但两

① 见 M. B. 辛提卡和 J. 辛提卡的《研究维特根斯坦》(伦敦:巴西尔·布莱克韦尔,1986 年),以及 J. 辛提卡的《论逻辑理论中模型理论观点的发展》(《综合》,第 77 期,1988 年,第 1—36 页)。

种对比也有重要区别。在辛提卡看来,普遍主义观点的典型特征是"你是你的语言的囚徒……你无法越出它,你无法大范围地重新解释它,你甚至无法用该语言本身表达其语义"。相反,辛提卡称为"作为演算的语言"观点的典型特征是"有可能大规模地区分所研究的语言的解释,假如它是自然的或形式的"。

辛提卡这里采用我有关演算概念的典型特征列表中的特征(3)作为唯一典型特征。为了在模型理论的含义上"大规模地区分一种语言的解释",即为了将一种语言的组成部分(其词和句子)看做构成一种解释的功能论证,人们显然必须预设:与其意义关联着的语言实体的特征是形式上可具体指明的。必须搞清楚,指定为解释的功能依从于什么特征。内容对形式的依从被看做是一种外在的(功能的)依从。

还可以指出的是,特征(3),即有可能在一种外在的系统框架中(即通过形式化或释义的某种方法)具体指明与其意义关联着的表达式的特征,恰恰是这里认为可以"越出"一种语言所包含的东西。

在我看来,当辛提卡认为弗雷格、罗素、前期维特根斯坦和早期逻辑经验主义者属于普遍主义传统时,他的对比是令人误导的。人们从作为一种对比的这一区别中所期望看到的是,被看做一种普遍媒介的语言不是被同时看做一种演算。但这恰好是弗雷格、罗素和前期维特根斯坦所持的观点。将语言看做一种普遍演算的观点——从逻辑的观点看——是对这些哲学家的观点十分准确的描述。后期维特根斯坦甚至清楚地将这一点看做他在《逻辑哲学论》中的主要错误。所以在我看来,"作为根本的演算概念"用语更适合于刻画这些哲学家。

我在本书中力图表明,这一语言观不只属于过去,它在现代有关语言的理论化中依然生机勃勃。弗雷格、罗素、前期维特根斯坦同这一传统的后来的哲学家的主要区别是,前者更为关心和意识到它们自己关于语言的理论化哲学和概念的前提。这一概念的自我意识在《逻辑哲学论》中达到如此高度,以至于维特根斯坦后来被迫认识到作为根本的语言概念的演算概念并不连贯。他看到,存在着不同种类的问题的混淆——哲学的﹣概念的问题与专门的﹣科学的问题。

在辛提卡看来,弗雷格和其他哲学家有关语言的普遍主义概念对发展模型理论的语义学来说是巨大的障碍,而正是通过希尔伯特的成就,即离开普遍主义观点而走向演算概念,才为后来模型理论的发展铺平了道路。我认为,情况的确如此,但我将对情况做不同的描述。作为普遍演算的语言逻辑观(一种普遍的概念文字),不论对哲学还是对作为专门(数学)科学的形式逻辑都是障碍,其实是将这两类东西混淆了起来,这样说肯定是对的。希尔伯特更多是一位数学家、科学家,而不是一位哲学家,他的成就很大程度上在于剥离和清晰化(弗雷格和罗素的)普遍主义演算概念中专门的、科学的和数学的内容。希尔伯特显然忽略了深深困扰弗雷格的许多哲学困惑,①两人的相应出版物清楚地表明这一点。所以,毫无疑问,希尔伯特的工作不仅对模型理论的发展,而且总体上对数理逻辑的发展(重点在"数学方面"),都是决定性的。然而,这一专门的﹣科学的进步有其代价——哲学不得不付出的代价。弗雷格、罗素和前期维特根斯坦所关心的并激发过他们工作的许多哲学困惑和问题,要么被遗忘,要么被误解和给出肤浅的解释。而基于这类解释,人们错

---

① 我不想说这必定是希尔伯特的缺陷。弗雷格的某些哲学观念已肯定变得陈腐了,尤其是在其数学哲学中。弗雷格未能承认,形式主义观点中有些东西是对的。但我怀疑,希尔伯特对弗雷格一些观点的拒绝是基于深思熟虑的哲学理由,很可能是良好的直觉将他导向数学中有成效的东西。

误地宣称(并且依然宣称),许多哲学问题已经被专门的革新解决掉了,将数理逻辑中具有哲学重要性的东西归于专门的科学成就,部分地归于同化哲学和专门科学的目的的(错误)努力。(也许数理逻辑成果在计算机科学和计算机技术中的当前应用将使哲学诉求不再必要,至少对未来几代如此。)

确实存在着可称为"作为普遍媒介的语言"的语言方面,它不是专门科学的事项,但对哲学、对概念澄清来说却至关重要,就是说,它是语言的边界在其中划分含义和胡说界限的方面。有一种看法,认为你"不能越出"语言,这种观点正是"普遍主义传统"中某种东西被误解和给予肤浅解释的例子——很可能出于这样的事实,该观念被与有关语言的普遍主义演算观混为一谈。如果我们分析一下囚徒比喻错在何处,上述误解的谜团也许就能解开。如果一个人被囚禁,他的自由受到限制,出于外在理由他被禁止做各种事——如果被释放他就能做的事。但语言限制交流或表达含义的可能性,并不是在这种外在含义上,好像我们能够想象某种确定的含义或内容一点也不在符号系统中表达似的。错误在于,将一种语言(一种演算、一种记法系统)看做是语言的一般观念,由于是一般的而被设想为普遍的。我们可以就某人说,出于经验或历史,他被"囚禁"在特定的语言(表达形式、行话等)中,但肯定不是出于概念的理由或原则的理由。原则上不存在阻止人们表达所能表达的和阻止人们以最可能的方式去做的东西。跨越语言界限的自由是表达胡说即虚无的自由。

正是这一令人误导的囚徒类比隐藏在各种"改进"语言的想法背后,想使语言更适合于"履行其功能"。

对待语言的理论态度的一个显著特征是,总体上想把人类语言看做为履行一定功能而设计的构造物,或者说看做达到一定目的的手段。在我看来,这一特征甚至出现在有关语言的其他理论化中,其中诗话和文学的方面被凸现出来,像在现代解释学和所谓"后结构主义"中那样,作为文学的语言概念代替了演算概念,文学理论的某些概念和视角被当做根本的。

要看导致有关交流、思想和心理学概念等的哲学混淆的语言概念是多么狭隘,作为例子,我想考察数学哲学中直觉主义的奠基人 L. E. J. 布劳威尔关于语言的一些陈述。在布劳威尔关于语言的评述中①,我们发现他对"将语言作为人表达和交流心理精神生活的一种手段之不足"的批判。这是对日常语言进行新实证主义批判的一种理想主义副本,认为日常语言不是表达有关我们生存的世界之真理的完美手段。两种情况的批判都显现出一个动机和理由,即改革语言,"改进"语言,使它更有效地履行其功能。然而,不是为了解决任何特定情境中交流或描述的某一特定问题,而是为了总体上解决。

布劳威尔加入 1922 年成立的"符号学小组"(Significs Circle)。这一"对语言和哲学的符号学研究"的基本观念似乎对后来所谓的语用学产生了某些影响。符号学小组的基本纲领主张:"对说者和听者来说,一种语言活动的意义只部分地由其中所使用的语词或符号决定,该意义用其他语词只能被近似地表达。"②

这一陈述可以被理解为表达了关于语言、关于语言和交流之间的概念联结、关于语言表达式的意义与其使用的重要而新颖的洞

---

① 见 L. E. J. 布劳威尔:《著作集》,第 1 卷,A. 黑廷(Heyting)主编(阿姆斯特丹:北荷兰,1974 年),第 6、447 页以下。我并不想在此建议,布劳威尔是后期语言哲学和心灵哲学发展中的主要人物。我将布劳威尔选作例子,只是因为他有关语言和思想之间关系的某些思维方式尤为清晰,而这些思维方式以较含糊的语言出现在目前哲学中。

② 布劳威尔:《著作集》,第 447 页。

见。但是,结果表明,这并不是符号学小组范围内所理解的方式。在那里,人们想把语言的这一特征看做一种经验现象,看做一种科学研究和说明的对象。问题竟被这样架构,好像它们是要暴露语言中某种隐秘机制的问题。通过对纲领中这一主张的一般化,该小组希望人们看到"符号学哲学是可接受的,它很大程度上可以影响以后时代……人类的社会精神条件"。

布劳威尔对符号学纲领①增加如下内容:

> 符号学在语言批判中不过是在于:(1)通过分析语词的原因和结果,追溯情感因素。通过这一分析,与人类理解关联着的情感可以更好地置于良心的控制之下。(2)创造新的词汇,它也使人类生活的精神趋向可以达到与观点的深切互换,从而达成社会组织。

但布劳威尔有时认为,这一规划出于形而上学的理由或原则的理由从来无法彻底实现:

> 智能的直接伴随物是语言。在智能生活中,人们不可能直接地、本能地借助姿势或眼神,甚或更加精神地,通过距离的所有分离来交流。人们因而试图训练自己及其后代费力而无望地借助原始声音达到某种交流,因为从没有人能够通过语言交流其灵魂。②

布劳威尔在此认为,语言,即使在语言活动整体的广义上,也从不适合于履行其主要功能之一!但无论如何,他将自己的观点表达为似乎已知道完全地"交流人们的灵魂"意味着什么,似乎对某种程度上独立于语言而完美地交流心理内容、对通过记号或符号的某种

---

① 布劳威尔:《著作集》,第448页。
② 布劳威尔:《著作集》,第6页。

交流形式有想法———一种足以清楚地从总体上判定语言不能完美地交流人们"内在生活"的想法。这是胡说。

布劳威尔这里的误解之一是,他把语言的整体概念看做似乎只涉及一种语言。在专业术语、行话或一个约定的表达形式系统的含义上,一种特定语言当然可以不适合特定的交流目的。比如,某人说他不能用专门的植物学语言表达他对某种花的体验。但是,总体上的语言在概念上不是与各种特定语言或符号系统类似的东西,因为后者可以被看做是达到目的的手段。我们从不同的特定语言和语言现象的例子中获得关于语言的整体观念,它们基于各种共同特征被称为"语言",其中一些特征对我们所谓的"交流"是典型的。对经验、思想、观念、信息来说,没有比这更一般的交流概念,这对于我们通常所谓的"语言交流"来说显而易见。在这一含义上,语言就是"交流的普遍媒介"。

语言交流与唯我论

"从没有人能够通过语言交流其灵魂"。如果这指的是没人能将内在体验直接地转变为外在的、可公共观察的事实,那是真的,但也只是作为逻辑上的真,甚至是没有意义地试图去做的事情。

一旦搞清楚"通过语言交流自己的灵魂"可以意指什么,那么没人能做到这一点就完全不对。从我们自己在某些方面常常得不到理解这一事实,不能得出结论说:成功的交流原则上不可能。误解肯定不能归咎于人类语言中的某种严重缺陷。

在做上述断言时,布劳威尔的确成功地表达了他的孤独迷惘之感。但他似乎指的是,他的这一感受不可能借助语言被完全交流给他人,除非他人也感受到这一孤独,甚或除非他人像布劳威尔一样体验自己的感受,他人在情感上一瞬间不得不成为布劳威尔的另一摹本。但是,认为会存在可与语言的交流相比的某种东西来完成交流,这一想法是荒唐的。

儿童教育部分的目的在于教他们如何感受一定事物,什么时候不要害怕,什么时候应该对某事感到满意等等。有时教育成功,有时教育失败。当教育者过分依赖通过语言信息,通过给出语言说明和理由就可完成时,教育往往失败。但这失败不能去谴责语言上有某种重大缺陷,似乎借助语言说明就"必定"能学到一切东西。

我们通过跟其他人一起活动、一起生活、获得相似的经验而学习他们的感受、体会"他们的灵魂"。为了理解某一语言表达式打算传达的思想、感受或观念,必须拥有一定的经验,这样说当然是对的,但这一必要性并不表明语言不完善,仅靠语词不能获得某些经验也不是语言的缺陷。如果那样认为,恰好是误解了语言与我们生活方式的联系。这是对"语言与实在间的关系"(用哲学行话说)的误解,它植根于将语言看做表达形式系统的肤浅概念。

人们认定思想、感情等的交流是由语言(在该词的最一般含义上)给定的,在这一含义上语言原则上为可交流的东西设立界限。("与计算机交流"、"与死者交流"、"通灵学的交流"、"与上帝交流",是"交流"一词的其他用法,其他的交流概念。)

布劳威尔和符号学小组成员认为,一个语言表达式的思想、意义或内容除清晰地表达于某种语言之外,还可以清楚分明地存在于"心灵中"。与此相反,我们应该认为,如果你有一种清楚分明的思想,它就已经表达在语言中(这当然不意味着它实际上已被说出或刻在某处)。

LANGUAGE
AND
PHILOSOPHICAL
PROBLEMS

关于符号学研究,据说①它"可以改进作为理解和整理我们思想的手段的语言使用"。在现代语言学纲领中我们也发现了这一对待人类语言的理智主义态度。在那里,语言被看做人们为了如"相互理解"、"交流"或"整理思想"这些特定目的而发明的工具或用具,似乎可以设想,人们先于和独立于语言便可以具有这些概念的确定想法。

隐藏在布劳威尔这一改进语言纲领的理想主义版本背后的一般图像似乎是这样的,认为个体灵魂的总体或单子起源于唯我论的状态,但他们可以借助语言彼此之间建立桥梁。而符号学研究的目的就是要改进这一桥梁——建筑物。

该图像作为对历史境况中精神问题的概略描述也许是对的,在这种境况中有过文化衰落,某些价值和表达式的传统形式在其中已失去意义和重要性。但当此处将人类思想看做原则上只可部分的或近似的用语言交流时,这一事态便正被显现为人类生活不可避免的条件,所留下的只有改进这些"近似性"的科学的和专门的问题。像布劳威尔所表达的,要创造"一个新词汇,它还担当人类生活的精神趋向"。但是,陈述该问题的这一方式只能强化它所预设的错误语言观。

我们这里所经见的是对总体的人类生活条件和人类的理智生活条件的理智主义混淆(以及相应地对一般的人类语言和知识分子的语言即科学家之间的演算——或者对研究诗人时更感到在家的那些人的文献——的混淆)。

唯我论图像也许表现了理智生活的必然的、不可避免的"原始状态"(在文化混乱的年代),但不是人类生活的整体状态。

———————————

① 布劳威尔:《著作集》,第447页。

将改进语言当做表达"精神趋向"的手段,并被看做一个专门问题,预设了这样的观点:"精神价值"和"社会目标"某种程度上清楚分明地存在于人们的灵魂中,有待变为公共品。但在这些方面"改进"语言,人们是否知道意味着什么? 这一改进语言的问题能与"改进"社会生活和人类条件的一般问题分开吗? 我认为,在这些目的中有太多的善良本意。将语言当做专门的交流手段的概念倾向于将这一纲领的"精神价值"和"社会目标"还原为虔诚的希望。

布劳威尔关于语言交流的观念在当前之所以为人们热衷,是因为在当下"后现代主义"中如此流行的有关语言的那种相对主义也基于类似的误解。① (区别也许在于,后者较少极端的个人主义:通过"话语"的精神将文人学者的心灵连接起来这一点代替了布劳威尔个人主义的心灵主义。)

这里重要的是,与交流"心理内容"密切相关的这类问题是这种肤浅(但很普遍的)语言观的直接结果,它把语言看做脱离其恰当使用形式的一种记法系统。正是这一偏见产生了将思维和语言－使用当做不同领域的二元论。还有被这一观点所欺骗的另一种更"集体主义"的方式,即引入"心理语言"或"思想语言"的神话②,将理解、语言学习等等看做一种向"心理语言"的翻译。

这种思维方式倒是与现代流行的科学态度更为合拍,人们在此宣称,理论、专门概念和科学成果可以以大多数人理解的通俗语言加以翻译和说明。有时还建议人们必须这样做,因为如果不将其翻译为他们已理解的语言的话,物理学学生怎么能学会物理学和数学的专门语言。似乎物理学和数学的专门语言不同于通俗语言,只在

① 例如见 J. F. 利奥塔:《不同者,争论中的词语》,G. 冯·登·阿比尔(G. Van Den Abbeele)翻译(曼彻斯特:曼彻斯特大学出版社,1988 年)。
② 参见 J. A. 福多:《思想语言》(纽约:托马斯·Y. 克劳威尔,1975 年)。

于它们是不同的记法系统,它们被使用只是因为它们更为实用。而实际情况是,它们首要的是表达式的不同使用形式,包含着不同的概念,这些在通俗语言中不存在(即便通俗语言的语词和表达式也被使用时)。表达式在科学中的这些使用形式是由科学的任务决定的;它们与诸如演算、测量、观察和实验的特定方法密不可分;它们被习得是通过实践和训练,而不是通过翻译成为我们已经拥有的语言。①

心理与物理

关于数学词汇"相等"和"三角形",布劳威尔认为,"两个不同的人从不会以完全相同的方式思考它们",他继续说道:

> 甚至在最严格的科学,即逻辑和数学中,没有两个不同的人对这两门科学所构造的基本术语能有相同的概念,尽管两人有共同的意志,两人大脑里都有微不足道的一部分以相似方式产生注意力。②

这显然是布劳威尔的唯心论或唯我论以及他批判数学中的形式主义的基础。在他看来,似乎存在着"心理过程"的不可见的领域,它伴随着数学语言中的(可见的)操作活动,而且这些心理过程对数学表达式的概念内容来说至关重要。正是实质上接受了将数学语言当做"符号游戏"的形式主义概念,才使他走向这一混淆。这迫使他滑向心理生活与可观察的语言现象间的二元论。这样,他在

---

① 这涉及"数学用语"以及数学中数学符号系统的"解读"的概念地位问题,它们将是本书第三部分的主要论题。

② 布劳威尔:《著作集》,第 6 页。

反对数学中的形式主义观点时,后者认为数学只不过是一种符号游戏,却同时宣称,数学中重要的是伴随符号操作的"心理过程"。

如果在数学语言的使用中数学家之间达成一致的基础是"大脑的一小部分"(正如 AI 的某些拥护者目前所提议的),那么布劳威尔的这种批判肯定是对的。但他却是错的,因为概念上所重要的不是数学家心灵或大脑中的东西,而是从事数学实践中的一致性。这种一致性只是一个事实,不能基于更根本的东西去说明。布劳威尔此处关于数学语言的观点,即把数学语言只看做与使用它们的实践毫无关系的一类记法系统,反映在他将分离的"大脑里一微不足道的部分"当做数学记法使用中一致性的基础。他通过补充"心理内容和过程"这一心理学领域的语言所提供的代替形式主义的数学观,也立足于对语言的同样的误解。而因为这种观点还支持对心理概念的误解,甚至使事情变得更糟。

当然,像"三角形"一词在两个不同的人中不会唤起相同的观念,尤其是当他们有不同的背景、不同的教育和阅历时,这样说是对的,甚至说该词对同一个人在不同场合也会唤起不同的观念和联想也是对的。但是,这与理解作为表示几何学基本概念的"三角形"一词毫不相干。重要的地方是,当人们在从事几何学时对该词的使用有着一致性(我当然不是在谈论外在行为的某种形式上的一致,而是在谈论一定种类的人类活动的一致)。

布劳威尔将一个词的意义同该词被单独说出或读出时对我们产生的效果搞混淆了。他由此错误地将意义看做某种心理的东西,某种"在我们心灵中"的东西,它以某种方式与词因果地联结着。这一混淆反过来又被他的语言观所强化,即把语言当做表达式的一种形式系统,当做与其正常使用环境无关的语词和表达式的一种演算。

　　布劳威尔有关语言的评述之所以令我们感兴趣,是因为他有关语言所表达的偏见显而易见,而在后来的某些理论化形式中则潜伏下来。有一个关于"心理"的一般图像,它构成布劳威尔评述有关"交流人们的心灵"问题的基础,也支撑着有关心理的某些现代的理论化形式。该图像的内容大致如下:思想或感受是存在于心灵或灵魂某处的(无形的)实体;是某种由外在事件引起的东西;是一定表达物(面部表情、姿势、声调等)的原因。按照这一图像,姿势和语词中对一种感受的表达最多只是"感受本身"的某种"近似物"。这一表达归根结底是交流这种感受的间接方式。

　　然而,当人们将一种交流形式看做"间接的"时,"感受的直接交流"这一观念便立马出现了。布劳威尔发现语言不适于"交流人们的灵魂",显然正是以这一"直接交流"的错误观念为背景。该图像误导人们进入一种神话般的唯我论,照此而言,一个人基于别人的姿势和所说的话从来不能知道他们所感受或所思考的。似乎可以有意义地直接说:"只有当我能感觉到他的头痛时,我才知道他如何感受!"

　　但是,感受与对感受的表达之间不是有区别吗? 从某种意义上说是的,但不是作为两种外在地(因果地)关联着的实体。我们的确谈论同一感受的不同表达,也谈论两个人以不同方式表达某一感受,然而,"感受本身"并不是不同表达背后某处存在的第三个不可见实体。这种说话方式宁可说指的是我们在其中比较不同的表达方式,以及我们在其中将表达与人的行为的其他部分、与表达所出现的特定情境,也许还与人们的个性和生活方式一般地联系起来的方式。对一个人的感受感到确定,在许多情况下是对他的(人类)处境感到确定,在这一意义上以及在每天感受疼痛、饥饿、惊奇等情况下,我们对其他人的感受经常感到确定,以至于不存在什么怀疑的余地。

试分析一部优秀小说中描述一个人的情感的方式。书中所描述的并不是人物心中的某种不可见的实体或状态,而可能是有关他生活的事实,他的个人历史、目前处境、外在环境所发生的事情,他正做的事情,场景中的其他人,他们所说的话,以及他们的行为方式。不需要任何有关情感的评论或提到情感的名称。而照此说来,这样的描述倒是写作中交流有关人物的情感不够直接的方式。但情况恰恰相反,因为情感不是这样的人类环境和处境之外的某种东西,而是就镶嵌在人类实践中(不是在人的神经系统里)。

在有关心灵的现代理论中将情感和其他心理"实体"看做完全无形的,这样说也许不对。按照因果论的图像,它们径直被看做与我们谈论自然界的现象、状态和过程一样意义上的现象、状态和过程,①而差别只在于,这些心理现象是不可见的——它们无法通过直接观察接近。

这种谈论方式同样植根于语言的肤浅方面。将语言看做词和句子的一种演算,当然使我们谈论思维、情感和信仰的方式与谈论自然界的过程和状态的方式之间出现许多相似之处。用行话说,这些相似之处也可以被看做植根于共同的深层语法。有关自然界的现象、状态和过程之用语的逻辑规则被转移到有关心理概念的语言。在对待心理学和心灵哲学的这一自然主义路径中,科学之间的肤浅类比起着根本作用,比如说"心理学是对心理现象的研究",而"自然科学是对自然现象的研究",但这一类比是莫大的误解,也是许多概念问题的根源。例如,以这一类比为基础,关于一个人思想、情感或意向的命题就被看做是关于某种隐秘现象的命题,这些隐秘

---

① 于是,约翰·塞尔解释道:"我将意向的状态、过程和事件看做我们生物生命史的一部分,就像把消化、成长和分泌胆汁看做我们生物生命史的一部分那样。"(《意向性,一篇心灵哲学论文》;剑桥大学出版社,1983 年,第 160 页)

现象只能被拥有它们的人直接捕获,结果产生了"关于他心问题"的复杂困惑。

"关于自然界的状态和现象的命题"与"证据"、"证实"和"证明"都是关联着的概念家族。对于这样一个命题所表达的内容,通常情况下可以有意义地寻问证据或证明。当用于这一命题家族的规则被转移到心理学概念的语言时,结果产生了关于"我们对他心中的信仰的证明"(克里普克)的荒谬问题。我们的朋友和同事拥有情感、信仰和意向,好像这只是我们具有的假设,尽管是证据充分的假设。

采用经验科学观点的某些心灵哲学家不承认"心理实体"的存在,或者至少拒绝它们存在的假设。另一些哲学家("心灵主义者")接受它们的存在,但将其留给认知科学和脑科学的未来研究,去更接近地探究其本性。这两个阵营的哲学家共同的地方是,他们都错误地将有关心理学概念的概念问题看做实在中某处存在却又难以接近的事实问题。由于肤浅的语言相似性,问题就以心灵和肉体、心理事物领域和物理事物领域间的粗俗二元论为背景出现(即使在"心灵主义"的反对者中亦如此)。正如该二元论在当代所表现的,两个领域中的一个,即物理领域占首要地位。这一点在用到"归于"(ascribe)一词时显而易见,比如在陈述"我们将心灵归于一定的物质系统",或者比如在 AI 问题"我们是否证明将理智归于这一系统?"中。而这一专业用语意味着也可应用于人类。似乎对我们来说,人们基本上和根本上显现为物质对象或机械系统,我们后来(尽管还缺乏完全直接的证据)才将意识、心灵、感觉等等归于它们。

然而,我们将该问题看做概念的而不是事实的,这究竟有什么区别?认识到心理领域和物理领域的区别是概念区别而不是现实中两类事物或实体的区别,我们能有什么重要收获? 一个重要收获是,我们自己免于提出下列无意义的问题:"心灵存在吗?""有心理实体吗?""存在情感、意向、信仰这类实体吗?""这样的心理实体如何与物理事物相联系?"

当我们追问关于世界的许多种事情时,很自然地使用这些问题形式,而正因为如此,这些形式可能听起来或看上去自然而有意义,但它们实际上会将我们引入歧途。这些提问产生于将物理现象的语言移植到心理概念的语言的因果图像。我们的概念研究所提供的一个洞见就是,这一图像在心理学语境中不正确。然而,由于近来关于心灵的理论化如此深地沉浸于这一图像,对许多人来说不大容易抽身出来。

很显然,如果没有将"心理实体"看做世界中某处(也许在人们的头顶下?)存在的不可见东西这样的哲学行话,是否"存在心灵和心理实体"这样的"本体论问题"也就没有意义了。你必须对这一行话加以训练,以便不被"存在心灵、情感、意图吗?"这样的问题所迷惑——尤其当问题以某些心灵哲学家客观严肃的典型调子提出时。①

该问题真正所意指的是类似下面的问题:"我们关于人类语言、活动和行为的理论中所采用的心灵和心理实体概念是否为最初的概念?"采用自然科学中典型的态度和方法,当然可以对人类行为和

---

① 丹尼尔·C.戴内特(Daniel C. Dennett)写道(《大脑风暴》,哈索克斯:收割者出版社,1979 年,第 vii 页):"关于心灵的哲学理论应该对人们有关心灵能提出的最一般问题给予连贯回答,如'是否存在心灵?''它们是物理的吗?''它们发生了什么?'以及'有关它们我们能知道什么?'。"而在第 xiv 页,他继续说道:"心灵哲学是不可避免的。一旦人们对有关心理问题做出任何实质性断言,实际上意味着他至少回答一个以上的传统问题,从而将自己置入某一主义阵营。"所幸这不是真的。

人类机体进行合理而有时富于成效的研究,但当承诺和动机是哲学的时,情况就不同了。当人们提出哲学类问题时,与自然科学中对现象的说明相类比便是极不合适的。

人工智能观念

认知科学和 AI 中存在着平行的概念问题。如果人们要对所谓"人类心灵的机器概念"进行概念研究,所遇到的问题将类似于研究"人类语言的演算概念"所产生的问题。

如果我们分析 AI 中对"智能"(或"智能的")一词已确立的用法,这一点或许再明显不过。如果我们比较自然语言 – 人工语言和(人类)智能 – 人工智能的区别,会发现前面有关"自然语言"一词用法的评论也可类似地应用于 AI 中"智能"一词的当前用法。按照 AI 观点,虽然(人类)智能不是由人工智能所给予,也不是起源于人工智能,但可以断言它原则上仍然是机器智能。于是,在戴内特看来,AI 不仅是对"所有可能的可机械地识别的智能模式"①(不管确切地意味着什么)的研究,而且恰好因为人类心灵的机器概念被看做根本性的,可以断定"AI 是对所有可能的智能模式的研究"。②

正是沿着这一思维线条,AI 被看做是解决心灵哲学问题的有前景的路径。凯利(Kelly)将这一点表达如下:

> 对 AI 的哲学兴趣大多数产生于心灵哲学和心理学哲学领域。这一观念是试图为心灵的计算理论寻找现存的证

---

① 戴内特:《大脑风暴》,第82页。
② 戴内特:《大脑风暴》,第83页。

据。如果人们能编出一套计算机程序,它有大家一般认可的心灵存在物(例如一个人)的输入 - 输出行为,那么我们就有证据认为,认知从某种意义上说不过是计算而已。①

这简直可与蒙塔古②和戴维森③的明确陈述相比拟,他们认为,自然语言是形式系统,尽管是非常复杂的形式系统。

与语言哲学中境况的相似实际上远不是类比,因为作为具有"符号操作"能力并最终可显现于符号系统的认知功能概念已被接受为范式,而且在许多 AI 系统中构成"自然语言再现物"基础的语言理论也在语言的演算概念内被设计。

AI 中哲学困惑产生的方式也与语言哲学中的情况相似。当人们热衷于新的技术和形式方法时,便倾向于忘记所构造的模型与该模型力图再现的"人类认知过程"之间的区别。在语言层面上,这意味着日常心理学术语已被计算机专业用语中对传统心理学词汇的新的、专门的使用所同化。例如,人们谈论"机器学习",好像它与我们联系人类时所使用的是同一学习概念。④ 这给人虚假的印象:计算机及其程序实际上是人类学习的"心理机制"模型,是人们学习时他们"心灵中所运行的东西"的模型。当然,"机器学习"术语在计算机科学中有非常好的专门使用,意指在形式上充分限定的含义上进行"自我修改"的一种算法。但是,这与我们联系人类使用时所用

---

① K. T. 凯利说"人工智能是有效的认识论",见《人工智能面面观》,J. H. 费策尔(Fetzer)主编(多德雷赫特:克卢维尔学术出版社,1988 年),第 309—322 页。

② 理查·蒙塔古:《普遍语法》,载《理论》,36,1970 年,第 373—398 页。

③ 唐纳德·戴维森:《自然语言的语义学》,见《对真理与解释的探究》(牛津:克兰伦敦出版社,1984 年),第 55—64 页。

④ 斯图亚特·山克尔在《机械主义比喻的衰落》中对这一点有所讨论,见雷纳·伯恩(Rainer Born)编辑:《人工智能,反对例子》(伦敦;克鲁姆·海尔姆,1987 年),第 72—131 页。

的学习是不同的概念,尽管存在着某些形式上的相似性。

　　AI 中哲学上关键的不是将机器和计算机系统如此多地人类形态化,不是将我们通常用于人类(或动物)的心理学概念应用于机器和计算机系统,而是将心理学语汇的专门使用反过来应用于人类。正是这一步导致将人类心灵的机器概念看做根本的,例如它表现在 AI 的支持者所声称的看法中,即 AI 旨在说明所有的智能样式,这意味着它要解决心理学哲学中的基本问题。

　　这一步有时像戴内特所声称的那样清晰①:"不管一个人会是什么别的……他是一个意向系统。"在这声称中,"意向系统"概念包含着对"意向的"、"信念"、"愿望"这些词的专门用法,一种说明和预测机器行为的某种策略和方法论中所采用的用法。

　　对诸如"相信"、"学习"、"理解"、"记忆"等词的比喻性使用,用于描述计算机行为是无害的,甚至在其恰当的交流功能上,例如在程序器之间以及在程序器与程序的使用者之间的交流上,还是非常有效的。这一专业用语肯定使文字编排程序的手册更易于遵循。然而,关键一步是这一说话方式被从这些语言交流形式中孤立出来。当设想在描述计算机行为的"意向方面"应有某个"更深层意义"时,当设想从哲学高度将计算机系统证明为严格意义上的"理性行为者"时,概念问题便产生了。

机器行为与人类活动

　　计算机和计算机系统已经以各种方式进入人类现实,例如作为

---

① 戴内特:《大脑风暴》,第16页。

组织和设计人类活动的基本因素,或作为制作神话和科幻片的灵感源泉。然而,它们具有的一个根本作用是作为各种人类活动范围内的工具。计算机在完成某些任务,如进行复杂计算、储存信息和文字处理时是有用的(当然,这种技术进步是否为人类所首先需要,则是另一个问题)。

但是,计算机并非严格意义上在完成活动,它们不是"理性行为者"。并不是似乎存在着"意向活动"或"智能行为"的一种总的概念,而人类活动和机器行为都是其下的两个亚种。要是相信这一点,就是被目前计算机专业用语的比喻式说话方式所误导。这种比喻式语言基于某些外在的或形式上的相似性(例如戴内特有关"意向系统"的概念),这些相似性交叉着不同的概念领域。基于这些形式上的相似性而使用诸如"意向的"、"信念"或"智能的"语词,是对这些词新的专门使用,因而包含着新的概念。

可是,我们难道不可以想象(像图灵所想象的那样),在不久的将来甚至在描述人类行为时也将把这些新概念当做正常的、更合适的概念?① 但愿上帝禁止! 人们(而不仅是社会工程师)会由此失去对人与机器间的实质性差异做出区分的能力! 这些新概念很可能在我们联系人类所使用的"活动"、"智能"等概念之外变成确定的专门概念,但要声称(和希望)这些新概念能代替日常概念,而且比日常概念更为合用,则是错误地理解了人类活动的本质。

人类活动并不是以某种方式由两个分离的部分构成,而是以一个是可见的机械的(因果的或动作的)部分,在它之内是另一要求有"心灵"的不可见的"意向部分"(后一部分也许还处在前一部分之

① 马格内特・鲍登(Margaret Boden)在《人工智能与自然人》(哈索克斯:收割者出版社,1977 年)中似乎对这一观念抱同情态度。

上,因为人们习惯上说有完成活动的较高和较低水平)。这是关于人类活动或人类理智行为的图像,它构成智能的机器概念的基础。应用于人类的这一图像是一古老的误解,古典的心-身问题就是以这幅图像为背景产生的。

"弱 AI"——AI 的一种较为谦虚的专门科学形式——的支持者满足于认为,计算机系统原则上完全可以再造人类理智活动的外在的、机械的或行为的部分,而不是要求"内在固有的心灵"的"意向部分"(用塞尔的术语说①)。"强 AI"——AI 更为冒险的形式,力图证明一种"计算的心灵哲学"——的倡导者认为,甚至"意向部分"也可以基于物理的符号操作加以"构造":"也许可以从低阶句法构造出高阶语义学"。②

我想指出的是,AI 两种形式的根基处都具有关于人类活动的这一错误的二元论图像。正是以关于人类活动和智能行为的这一图像为背景,才有人说"对认知来说,计算是否足够很大程度上是一个公开的经验问题"。③ 然而,只要这一图像被当做根本的,就没有什么经验结果会反对它。只有一种概念研究能揭示其本来面目:构造形式模型的一种模式或范式。

"可是,人类理智和人类活动是什么呢?"而成为一个人意味着什么呢?

我们竟然需要提醒自己所有事物都是些什么事物,这是多么奇怪! 也许需要让人们知道,成为某个特定的人意味着什么,完成某

---

① 约翰·R.塞尔:《心灵、大脑与程序》,载《行为与脑科学》,第 3 卷,1980 年,第 417—424、450—457 页。

② 詹姆士·H.摩尔(James H. Moor):《论伪实在化幻像与中国房间论证》,见费策尔主编《人工智能面面观》,第 35—53 页。

③ 詹姆士·H.摩尔:《论伪实在化幻像与中国房间论证》,见费策尔主编《人工智能面面观》,第 43 页。

种特定的人类活动意味着什么。可能不仅需要提醒人们,成为一个孩子(例如像孩子那样玩耍)或成为一个少年指的是什么,而且需要提醒人们,成为一个人和总体上像一个人那样活动(而不是作为机器或"系统")指的是什么。

(AI 人员谈论"一个系统在理解"、"一个系统在认知",而一个人被看做是这样一个系统的"例子"。)

这儿困难的是,要如此清楚地展现明显琐碎的日常经验,以致使人工智能的哲学断言立马变成显而易见的胡说。

有关"智能行为"的 AI 概念的某些基本特征在数学家大卫·希尔伯特所提出的有限证明论的观念中有其根源。为了搞清楚 AI 的哲学论断究竟错在何处,我将在本节其余部分对这一根源做些评论。

对希尔伯特的有限证明论的观念来说,十九世纪后期的两种趋向很重要。一种是有关形式与内容(*Inhaltlichkeit und Formalismus*)间关系的一般讨论,该讨论甚至在艺术哲学和法哲学中也有回应(希尔伯特在其"公理论思想"①一文中提到,形式与内容之间的关系问题是他的证明论要解决的核心问题之一)。我认为,就数学而言,这里的问题在于要以这样的方式说明形式和内容间的关系,即要将数学证明为脱离其经验应用的纯数学(尤其以笛卡尔的精神),同时要反对认为数学从其经验应用中获得内容的传统观念(像康德的观点:数的概念某种程度上得自我们的时间概念)。在这一点上,十九世纪后期的某些形式主义者可能对希尔伯特产生了影响。数学家赫尔曼·格拉斯曼(Hermann Grassmann)②发展了数学概念,认

① D. 希尔伯特:《公理论思想》,载《数学年鉴》,第 78 期,1918 年,第 405—415 页。
② 赫尔曼·格拉斯曼:《1844 年扩展理论或线性扩展理论》(莱比锡,1978 年)。

为数学是一种"形式存在的"科学,他将纯数学界定为形式性的。导致这一讨论很大程度上是带有机械主义思维的问题,一些可以追溯到笛卡尔的问题。

在我看来,对希尔伯特产生了强烈影响的十九世纪后期的另一趋向,是由思想家如马赫、赫尔兹、赫尔姆赫兹和其他人所发动的对科学的经验主义批判。在希尔伯特那里这一经验主义趋向显而易见,例如在"论无限"中,以及在其总体上对有限论观点的各种阐述中强调具体(作为认识论上的确定领域)时。十九世纪后期这一科学的经验主义不仅构成形式主义的根基,也是心理学中行为主义(作为传统"内省心理学"的对立物,前者被谴责为在科学的严格性上不足以与物理学相比)的根基。

我认为,这两种趋向使希尔伯特得出关于形式和内容间关系的同样观点,正如后来被 AI 的倡导者(以及被语言学家如乔姆斯基)采用为物理和心理间关系的范式一样。希尔伯特将这种关系看做外在关系,其中形式可以脱离内容,作为某种具体的、逻辑之外的东西,直接被给予我们并可由我们的感性直觉认知。这由此成为希尔伯特在数学和元数学、实在命题和理想命题等等之间做出(成问题的)区分的基础。[①] 普通数学中理想命题的内容(*Inhaltliche*)方面在元数学观点中受到忽视,但对于这些命题不做根本的重新解释是否可能,却未加讨论。正是以这种方式思考,希尔伯特才将我们在代数中所做的工作(与"内容的数论"相反)刻画如下:"在代数中……我们把由字母组成的表达式看做自身独立的对象……凡是过去在我们涉及数字的命题的地方,现在都有公式。公式本身是具体对象,由我们的感性直觉反过来进行分析,而且依照一定规则从一个

---

① 希尔伯特数学哲学中的这些观念将在本书最后一部分更加详细地讨论。

公式推出另一个公式代替了基于内容的数论证明"。[①] 希尔伯特说,以这种方式,"内容性推理便被依据规则的符号操作(*usseres Handeln*)所代替"。

在我看来,正是在这儿,我们看到了希尔伯特的根本错误(一个被现代 AI 继承下来的错误)。我们在代数中处理表达式和公式,并不是在处理作为具体物的具体对象,也不从属于机械规则(一点也不比"内容的数论"多)。这只是在数学操作的某些形式表示(机械化)范围内如此。例如,在元数学中,我们将公式当做产生于迭代操作的数学构造物。对这一构造物来说,表达式的物理的和具体的特定显现并不比在数学的其他部分中对记法的选择更根本。

希尔伯特认为,按照他的有限性观点,似乎一个算术等式如"2 +2 =4"的意义(或真正内容)应该与其普通的"内容性的算术"中的意义相吻合。但是,正如本书第三部分将论证的,这一有限论的意义是由形式表示的方法所决定的一种再解释,其普通的意义已在这种方法中被预设。作为加法规则的一个例子,等式的"普通算术意义"蕴含着(无限的)加法规则,就是说,一个人不会将这一算术等式理解为加法规则的例子,如果他还不曾理解 1 + 1 = 2,2 + 3 = 5 ……等等的话。无限的加法规则的一般性包含在每一单个例子的内容中,所以,与希尔伯特在实在的和理想的数学命题之间做出区分相反,可以说:如果"对理想因素的指称"在希尔伯特所谓的"理想命题"中存在着,那么在他所谓的"实在命题"中也同样存在着。普通算术陈述中的形式和内容并不以希尔伯特所理所当然地认为的那样可相互分离。(希尔伯特的这类错误已由庞加莱清楚地认识

---

① 让·冯·海因诺尔特(Jean von Heijenoort)主编:《从弗雷格到哥德尔:数理逻辑资源手册,1879—1931》(麻省,剑桥:哈佛大学出版社,1977 年),第 379、381 页。

到，只可惜他的批判很大程度上未被重视。)①

可以说，希尔伯特采取了行为主义的(或因果的)观点，将人的数学活动仅当做演算、代换等等，似乎这样的活动和操作基本上只是因果的或机械的(或数学上非内容的)活动，而"内容的或非机械的"因素只在数学活动"更高层次"上才加入。这是数学活动的某些形式表示被构造的方式，好像所构成的形式部分和内容部分在概念上可相互分离似的。(注意：弗雷格没有犯这一错误。从他在《基本规律》(Grundgesetze)中对形式主义者的批判看，他显然看到了形式主义观点的不连贯性。)

在我看来，正是有关日常(数学的和非数学的)语言的这一思维方式，不仅在塔尔斯基和卡尔纳普的语义学中，而且在图灵的 AI 观念中，被转变成了一种范式。基本的(错误)观念是，人类活动和理智行为在根本层面上只是机械的或因果的操作；一个人基本上是"我们将智能、心灵等归入其中的一个物理系统"。AI 要在"基本层面"上按照声称的机械操作阐明"更高层面的智能行为"的企图，是希尔伯特力图基于"实在命题"和有限论证方法来拯救"理想数学"的副本。

实际情况是，即使最初步的人类活动，比如简单的计算甚至机械规则的遵循，都是"非因果的、意向的"活动，只有联系人类实践才能将它们理解为人类活动。人类活动和智力功能中所谓的因果层面，是基于外在特征而被强加的再解释和被构造的再现物。

那么，我是不是说没有人类活动可被机械化？不是。人类活动已经被机械化，像算术计算这样的人类任务已被成功地形式化并在计算机系统中完成，这些当然是事实。但是，对表达语"可被机械

---

① 见本书第三部分，第 7 节以下。

化"的这一使用，涉及的是现代计算机技术的某些专门成果，并没有为 AI 概念的和哲学的断言(这正是我此处所关心的)提供证明。尤其是，这些成果没有证明这样的论断，即我们通常用于人类的智能和思维概念可以(直接地)应用于计算机系统。站在某些 AI 支持者的角度，这一论断预设了关于人类的一种机器概念，这概念本身以心理和物理间关系的二元论观点为基础。对 AI 中新的、专门的智能概念来说，这一二元论观点实际上是一条规范原则。①

图灵试验

请注意图灵在其准备思想实验的论文"计算机器与智能"中如何引入这一"形式与内容的分离"②，以及他由此如何为其想达到的结论"机器能思维"铺平道路的。图灵认为，"机器能思维吗?"这一问题有"这样的好处，即想在一个人的物理的和智能的能力之间划一条相对简明的界限"。他是在一个思想实验中认识到这一点的，该实验设立"一定的条件，防止问答人看到或触到其他竞争者或听到他们的声音。"——好像这些假设对有关思维和智能是什么的问题无害似的! 图灵这儿想"抽象掉"的人类活动(身体运动、姿势、面部表情、声调、态度)的特征和环境，对于判定某些行为为智能行为或某一反应为思考的结果，恰恰是本质性的。换句话说，图灵通过预设他想达到的有关智能行为的机械论 AI 概念，才能"在人的物

---

① AI 的最新趋势，所谓的"联结主义"，对这种二元论也不例外，尽管人们在那里拒绝将思维看做符号过程，而是强调物理的和因果的机制。

② A. M. 图灵:《计算机器与智能》，载《心灵》，第 59 卷，1950 年，第 236 期，第 433—460 页。

理的和智能的能力之间划出这一鲜明的界限"。正是基于这一概念,他感到自己在证明"划出这一鲜明界限"。但是,对于我们用于人类的有关思维和智能的普通概念来说,至关重要的是并不存在这一鲜明界限。

图灵没有认识到,通过这种抽象方式,他剥夺了自己使用"思维"、"智能的"、"相信"等语词的权利,因为我们通常联系人类(和类似人类的造物)时才使用这些词。他没有认识到,他实际上在为这些词引入新的(专门的)用法、使用这些词的一种新语法,该语法消除了人类活动和机器行为间的概念差别。他的思想试验的真正目的,不是证明什么,而是引入思维的这一专门概念。

关于"思维"一词的新用法,图灵是非常对的:机器能思维,但是当人们认识到,这一论断只是基于人类活动和机器行为之间形式的和外在的相似性而提出的有关思维的新的专门概念时,其耀眼的光环也就失去了。因为,我们联系人类而使用的"意向性概念"的典型特征是,这些概念不能从形式上被具体说明,对它们的使用不能由一个经验试验的外在标准来刻画。它们与所从属的人类实践和条件不可分离,后者使它们成为意向性的。

涉及"思维"、"智能"、"信念"等日常概念,存在着使用这些词的某些(非常复杂的)逻辑的或先验的条件。除非这些条件得到满足,否则"X 在思维"这样形式的命题不但是假的,而且是没有意义的。如果这些条件不能被满足(比如当"X"指的是机器或物理系统时),该句子听起来像是一个有意义的命题,或有一定的光环(而且以此为基础,可以用在包含这些语词的游戏中,用在比喻的说话方式中,或用在小说故事中)。但作为对思维的日常概念的使用,这样的句子便是胡说。图灵和 AI 路径的错误之一是,将这些逻辑的条件看做经验的条件,看做经验试验的标准。人们在竭力将概念问题

"机器能思维吗?"设想为可由实验和观察来决定的经验问题。

当有关某事的一些经验标准最终没被满足时,结果是一个假的(但有意义的)命题或假设。然而,当有关某一表达式的用法的逻辑条件被违犯时,结果却不是假的命题,而是一些没有(声称要意指的)意义的句子。而正是在使用这些表达式的逻辑条件的基础上,人们才能意味或意指某种东西(或表达思想、意向和信念)。因此,当表达式"X 能思维"的使用条件被理解为经验试验的标准时,所声称要意指的意义便不再可能存在。如果该句子还有什么意义的话,句子中"能"一词所表达的经验的或事实的可能性则必须由"思维"一词的新的(专门的)用法来决定。这正是图灵试验失败的原因,而不是因为"思维是内在的、不可观察的或隐蔽的过程"。

将"机器能思维吗?"的问题作为概念问题加以解决所要做的是,澄清使用"思维"一词的逻辑条件,即我们必须提醒自己有关该词的用法及特征的细节,这些东西才是本质性的。但这些特征作为逻辑条件不是形式上可具体说明的或者可明确归结为一项试验的标准。它们只有在一个描述模式范围内才能被描述和理解,该描述范围预设了这些条件。

正如已经指出的,AI 哲学中有关人类活动概念和人类概念大抵是这样的:一项活动基本上是一个物理过程,人类行为者是一个物理系统,当这样的物理系统达到一定的精密复杂程度时,我们就将"心灵、意向性、信念、目的等归入"它。然而,正如图灵的"思维"概念那样,这是对活动概念的专门使用,以构造理论模型和程序的某一图式为基础,按照这一图式,目的(意向、期望)和完成它的活动间的关系被看做外在的关系。这一关系与下面的关系被看做概念上属于同一种类,即按照某一理论(比如进化论),一个机制(在自然中)和它所完成的功能或计划间的关系。可见,因果行为的特定例子是否完成某种目的或者在依据某一规则,以便将它识别为真正的活动,总是存在着识别或判定的问题。

这不是我们联系人类使用活动概念的方式,区别是概念性的。我们根据人们的意向、根据对人类生活(比如计算、谈话、阅读、散步、吃饭、哭泣、观察事物、等待某人等)来说典型的活动、实践、习俗和机构来识别(描述)人类行为。人类行为就以这样的实践和活动表现出来、向我们显示自身,即便对理解某人实际上在做什么可能有疑问。(她是在哭还是只在假装哭?)人类行为几乎从未表现为我们不得不依据某一理论来解释的纯因果过程。作为纯因果行为的人类活动——这是一种被强加的解释。

因此,不存在实践或行为的一种基本形式,人们可以将其称为"因果的或机械的行为"(即像一台机器或一种物理系统那样机械地遵守规则),其他活动将以此为基础用某种方法构造出来。这样的"因果行为"一点也不是人类行为。"智能行为"的"基本层面"在于人类的实践和机构,而如果缺乏与后者的亲近和熟悉,"智能行为"一语的普通含义便失去了。

在我看来,按照有关(人类)活动的 AI 图像,如果将人类活动看做它们实际上所是的那样是可能的,那么在观察某人在做某事,如在朗读一本书时,我将看到和听到某一因果行为或一个持续的物理过程,我把它理解或解释为此人在阅读。然而,如果该图像揭示了一项活动,如阅读的真正面目,我怎么会知道什么是阅读?基于它看起来像和听起来像的外在标准,什么时候某人在朗读?是否基于这些标准,我才知道什么时候我自己在阅读。"现在我必须阅读,因为观察我的某人会发现,我就像他在阅读那样在行动。"我如何在对阅读的逼真模仿与某人实际上在阅读之间做出区分?只有通过我对阅读活动的熟悉和亲知,像人类所实际进行的那样,我才能知道什么是阅读。

这并不是要否认当我在进行一项活动,比如当我在阅读时有某些物理过程在我身体中运行。当我在阅读时,我的眼睛有某些特征性的运动。但是,当我在阅读时,我所进行的活动并不是来回移动我的眼睛的活动。可以说,移动眼睛、看着书页等是当人们读书时所做动作的一部分,但它们不是在称为"阅读"的机械装置(像扫描仪那样的机械装置)中完成某一功能的部分。身体运动、面部表情等与我正在进行的活动即阅读内在地联系着。

"他移动双眼好像在阅读","他摇动头好像在……的某人"。即便是对于身体的运动,我们也倾向于通过对人类生活来说典型的(意向的)活动和实践来识别。我们什么时候以纯因果的态度对待人类的行为? 在反射运动的情况下? 但是,反射运动像我们身体中许多其他过程一样,是发生在我们身上的、我们承担的事情,而不是我们所做的事情。或者,当我们观察某人处在疾病状态,比如他在发生心脏衰竭或癫痫症时,我们抱因果态度吗? 可是,我们的态度就像对待出了故障的一台机械装置的态度,而不是像对待患病可能需要帮助的一个人的态度吗? 显然,对人类行为的严格的因果态度属于某种强加的有关人类行为的理论视角,像在生理学、解剖学、行为心理学或声波语言学中,或者一般而言,在使用自然科学方法对人类行为和人类机体的研究中。这样的研究当然有用,但最终只是为了专门的和实用的目的。

有人可能反对上面的观点,认为一定意义上存在着如下情况,即对人类行为甚至人类更高的智能能力来说,人的机体的因果活动也是根本的。没有移动我双腿的物理可能性,我就无法走路;如果我的大脑的生理过程受损了,我也许就不能思维或计算了。这肯定是对的,但它并不意味着,人的机体的因果过程在形而上学的意义上是基本的,即在人的心灵以某种方式镶嵌于这些因果过程的意义上。这种误解的产生开始于自然科学观点被混同于哲学并被赋予形而上学地位时,例如,当一个人声称在神经生理学中揭示"人类心灵的本性",而不是只解决某些专门的科学问题时。

人的机体的物理构造对人类活动和心理生活来说是必要的,这一点就好比语言的物理信号和表达物对表达含义来说是必要的一样。没有可感知的信号和表达物,就没有语言的意义,就没有语言。但这并不是有关语言唯一根本的东西,这并不意味着,"句法是充分的"①,或者意义以某种方式镶嵌在作为物理现象的表达物中。也不意味着,作为物理现象的表达物是我们通过语义说明或解释而赋予意义的东西。神经生理学总有一天会"揭开大脑密码并阅读我们的心灵",这一观念与下面的观念一样荒谬,即语言学家将能够从词和句子的物理结构的更深层研究中获得语言表达式的意义。

这当然意味着,计算机的确不是在活动、计算或思维,它们不是行为者(理性的或在其他方面),它们是各种人类活动范围内的(跟其他物件一样的)表达和再现的工具、用具、手段。如果一台计算机被用于完成一种复杂计算,那么这是一个复杂的物理过程在计算机中运行;但这过程不是该计算机完成的活动,而是外在的(由程序器或使用者或其他作用者)引起的过程。一台计算机所"能做"的事儿意指我们借助它所能做的事儿:那些我们通过使用它所能完成的确定任务,比如模仿人类行为的某一方面的任务。

在计算机上"模仿人类行为"的活动因而是计算机科学家参与的活动,是只在比喻意义上才使用"一台计算机在模仿"的活动。即

---

① 威廉·J. 拉帕泡特(William J. Rapaport):《句法语义学:计算的自然语言理解的基础》,载费策儿主编:《人工智能面面观》,第81—131页。

使能为下棋构造计算机程序,世界冠军都无法击败它,情况也依然如此。因为"计算机象棋"是一种与传统下棋有许多形式上的相似性的不同的游戏、不同的(毋宁说是新的)人类活动,将这样一个潜存的下棋程序看做构造"人工智能"的可能性的证据,或看做在人能思维的同样含义上使用"机器能思维"论题的证据,便犯了与传统下棋比较的错误。其错误在于认为,似乎传统下棋的人类行为者正是人体(或大脑)的物理操作系统。然而,这类下棋计算机的存在只是智能的人类程序器存在的证据。

能否就一台下棋计算机有意义地说:"它在热心而动情地下","它骄傲于自己最后一着棋"、"它惊奇于其对手的走法""它在粗心大意地下","它似乎不想赢而走了毫无希望的一着棋"或者"这台计算机是优秀的棋手但不再对下棋感兴趣"。这些问句可以以已经确定的语言形式或真或假地用于谈论一个人类棋手,这一点恰好标志着下棋的本质内容。

下列句子可用于谈论一个人:例如,在谴责或责备时说,"他像机器一样在讲话",或者"你像机器人一样在说话"。如果存在着例如有关讲话或说话等活动的共同概念,其中人和计算机系统都可以是行为者,那么上面的说法便失去意义了。这些说法由此只成为对某人口音的实际描述或分类,如同我们说"他讲话像南方人"那样。

当人们指责一个成年人说"别像孩子那样行事"时,并不只是提出了一种要求,即此人应改变有关他外在行为的某些细节,如同当我们说"拿这把椅子而不是那把,那把供孩子用"一样。一台智能机器运行得像无智能的机器,也能径直受到谴责吗?对于机器,我们当然的确说可能听起来像谴责那样的话,例如当汽车不能像预期的那样运行时,但我们这样说话的方式很大程度上像我们对一场出乎意料的风暴表示沮丧那样。

有人会反对说："毕竟要以人们行为的可观察特征为基础,我们才能判断有关他们的态度和行为,因而至少在原则上能够模仿构成某些态度、情感等标准的人类行为的特征。"当然,对某些有限的人类行为来说,类似这样的事情是可以想象的,因为能够绘制表达某一情感的脸部画像;但在这种情况下,这种机器行为只是特定人类行为的再现。该机器行为由一些形式规则所支配,而这些规则不是人们在进行以某一态度为标志的行为时所遵循的规则。例如,当一个人表现疼痛行为时,不存在某种他或她在"执行"的某种"抽象的疼痛行为",并且可以对它构造一种"计算机——实现"。

存在着以某些态度和感受为标志的人类行为的特征,但它们本身就与所发生的人类活动、社会境遇和实际环境不可分离了。设想某人在各种境况中都不停地表现快乐的表情,我们可以对此说,这不是这一特定个人在表达快乐。也正是关联着周围环境,我们才断定比如某人正疼痛或者在假装疼痛。以感受和态度为标志的特征不可再现为像体温或身高那样的形式标准——但不是因为感受和态度是有关人们的某种隐蔽的材料。

演算 vs 专门符号操作

数学中计算活动的因果或行为主义的观点在希尔伯特有限论的元数学思想中很明显。请回忆上面引用的希尔伯特的论述,"在代数中……我们把由字母组成的表达式看做自身独立的对象……凡是过去在我们涉及数的命题的地方,我们现在都有公式,公式本身是具体对象,由我们的感性直觉反过来进行分析,而且依照一定规则从一个公式得出另一个公式,代替了基于内容的数论证明",

"内容性推理便被依据规则的符号操作（äusseres Handeln）所代替"。在这一陈述中，关于"我们在代数中所做的"，希尔伯特混淆了代数中普通的（意向的）计算活动与在普通计算的某一专门表示范围内的操作活动（就是说，与按照其识别、引入、替换、变换等规则操作书写符号的活动相混淆，该活动是些具体的空间构造）。希尔伯特认为，似乎在数学的某一初等层面，计算是专门的符号操作，该层面在这一含义上或至少能够完全代替计算的普通的 inhaltliche（内容性）含义。但这是错误的，就好比将人类的散步活动看做以一定方式移动人腿的活动，或者将说话活动看做产生某些声音模式的活动。符号的物理操作肯定是数学中计算活动的一部分，甚至是关键的部分，但它是内在的关联着计算的人类实践的一部分。当我用纸和铅笔做加法时，我所做的一部分是符号操作，但那不是以某种方式与我做加法分离的部分，似乎我实际上做了两件事，一件是物理活动（符号操作），另一件是"心理"活动（理解、解释或"赋予符号以意义"）。人们可以说，将我所做的只看做物理符号操作是对我的活动的"非意向的解释"，或者某人并不理解我正做的事情："他好像在书写一些奇怪的符号，并移来移去的。"

例如，试分析证明方程 $(a+b)^2 = a^2 + b^2 + 2ab$ 的计算。在该计算中，当然发生了物理符号操作，然而是作为这一代数规则的算术的（或代数的）证明发生的，计算及其结果有一种一般性，它们不会只被看做对空间构造物的操作。我们可以用字母"x"和"y"代替字母"a"和"b"，我们会用同样的计算去证明同一代数规则。我们可以说，这只是一种"记法变换"。人们可以设想这一计算的记法的更急剧变化，我们却仍然说它是同一代数计算，而不是对空间构造物的同样操作。重要的地方在于，如果我们认定这是以某种记法表达的该计算的普通数学含义，我们就只能将不同的情况识别为形态的或记法的变换。①

可见，作为普通的代数计算，关于其表达式存在着一种一般性或随意性，而这一随意性的限制是由数学中计算的实践决定的，是由数学实践中我们用符号实际操作的方式决定的，该局限最终通过实践和训练习得。不存在可以把我们对这一人类活动的亲熟"搞清楚"并由形式的或专门的规则代替的方式，因为人们除非以这一亲熟为基础，否则便无法知道如何正确地遵循和应用这样的形式规则。人们可以说，这一人类实践作为一种实践的各种特征正是有关数学语言"意向的"或 *inhaltlich*（内容的）东西，这内容甚至包含在最基本的计算形式中。

我们还可以将证明该方程的计算描述为：根据代数规律，左边的式子变换为右边的式子。但是，作为一种代数计算（或证明），被变换的形式不只是（具体数字的）印刷的、物理的或空间的形式，它是几何形式，即数学语言中特定用法的物理形式。在这里表达式的某些特征是根本的，另一些特征不是根本的。而且，同样只有联系这一用法，才存在这些根本的和非根本的特征间的界限。这不只是意味着，该界限只有参照这一用法才能划出，更重要的是，它意味着，该界限要不是以这一用法为背景就不会得到遵守。这即使对数学中简单记法的和缩写的约定也是对的。我不能用语言简单地告知对代数一无所知的人关于比如布尔代数的记法约定，即使他学会正确地陈述，他也不知道如何使用。要为常量、变量、算符等缩写、定义和导入新的记号，是我们必须通过实践学会的数学语言中的机构。所有的"语义说明"必须预设的各种说明的最后形式是这样的：

---

① 别认为我这里是在谈论作为"抽象实体"的计算的普通数学含义，或者谈论作为"抽象对象"的代数规则。这一观念得自我要探讨的有关一般性的另一误解。

"这……就是它必须做的,而不是像……"①

计算和专门符号操作的混淆似乎是 AI 中误解的重要根源。例如,在沙皮罗(Shapiro)看来②,"像人类所做的那样,加法是对数字的运算,而不是对数的运算"。拉帕泡特声言③,"抽象的加法运算是对数的运算……但我们对这一运算的人类实现是依据数的(物理的)实现的运算"。

"我们人类实现!"专门的计算机用语这儿被转运到对人类活动的描述,而且还不是作为一个玩笑或实验。说这话的客观调子意味着向我们确保关于人的机械概念的正确性!

这儿人们仍然可以问:谁在实现数加法的抽象运算?"算术运算'加法'在做数的运算","运算器在做运算","图灵机器 M 在运算"……

是数学对象实现运算或活动吗?不是只有人们尤其是数学家在实现数学运算吗?这儿由于"运算"一词的歧义性,的确存在着概念混淆。在运算的数学含义上——我们正是据此谈论半群的二进制运算或命题演算的布尔运算,一种运算是带有一定"元数"的符

---

① 我不是在提倡"自由选择的约定"中奠定的数学的"约定论观点"。我们不是不加限制地让任何东西意指任何东西。当存在着选项之间的选择(不同的证明方法、计算规则等)时,总有某些东西在数学语言中已备好,一种逻辑秩序在我们使用记号和符号时已存在,使我们能够限定各种选项,而那一秩序不是自由选择的。例如,我们可以像直觉主义者那样选择反对作为证明规则的排中律,但存在着我们(和直觉主义者)都可以识别的应用却不依赖于我们的裁量。(可能的)约定的存在产生于数学语言中符号使用形式的存在。这些使用形式除非落实于实践,便没有存在(选择的)可能性。

在数学哲学的专业用语中没有我在这儿谈论数学时将公平对待的"主义",在一定意义上也永远不会存在。数学本身不是某一哲学主义的应用或落实。

② 斯图亚特·C.沙皮罗:《在语义网络中再现数:导论》,载《第 5 届国际 AI 联合会议论文汇编》(IJCAI-77;麻省理工学院)(洛斯阿尔图斯:摩根·考夫曼),第 284 页。

③ 拉帕泡特:《句法语义学》,第 93 页。

号,我们(人类)使用它来建构其他表达式并根据某些规则对它进行操作(演算)。但这些规则一般来说不是数学规则,它们在一定意义上支配着作为物理对象的记号和表达式。

一方面是物理对象 $x+y$,另一方面是这一数学表达式,它们是范畴上有别的事物。对我们许多人来说,后者只是空间构造物,无视其正常的语境。我们倾向于随意地看待算术表达式,或许可以这样记住它,甚至可以说,这一表达式有一种面相,在数学中与其正常用法相联系。它的确"看上去像"一个数学表达式。

我们在演算中将数学表达式看做物理对象(此后将它们解释为表示数学对象),这一观念与这些观察并不一致。然而,在这一例子中物理对象是什么? 表达式有一定的尺寸、颜色、地点、构成成分等。可是请注意,这一构成成分并不必然与作为一个数学表达式所具有的构成成分(由二进制运算构成)一致。作为物理对象其构成成分是什么呢? 是由"x"、"$+$"和"y"三个部分构成吗? 这当然是一种对待方式,但肯定不是唯一一种。我们很可能认为它以这种方式构成,这一点当然与表达式在算术中具有的作用有关。那么,作为空间构造物呢?"仅仅为空间构造物"指的是什么? 我们在哪里去发现"只是空间构造物"的东西? 可以说哪儿也没有。作为空间构造物只是物理对象的一个方面,该概念以这样的方式被设想出来,即表达式无关紧要的特征(比如其颜色)被忽略掉了(除了作为数学表达式的形式外)。而现在我们肯定关心的是(被强加的)解释!

在元数学所发展的句法理论中,用于这类解释的一个系统方法要通过数学概念(像有限序列概念)来构造。它是用于语言表达式、命题和证明的专门再现的图式,结果已证明它是有用的,但不是用于描述关于人类演算和证明的真实本性或者"隐蔽机制",而是用于构造有关人类活动如演算的专门模型的。

对 AI 的虚假批判

当然存在着对 AI 的哲学目的和论断的批判者,但一些批判甚至比所要反对的观念更加错误,因为它们基于同样的概念混淆。我这里所考虑的是旨在证明 AI 论断为假而不是无意义的那类批判,是以某种方式在(经验的或事实的)真假框架内询问是否"机器能思维"或是否"心灵是机械的"那类批判。

请注意,例如这样说是多么令人误解:"机器……只限于对符号和显现物自身的操作。它并不接近……这些符号的意义、显现物所显现的东西、数。"①(德莱茨克)同一作者还指出,"接近符号的意义"是对实际上能进行演算的某人所要求的东西,在此基础上,作者想得出结论:"机器不能演算。"

在这一陈述中,问题被这样理解:"机器之所以受限制,是因为它没有心灵,因而不能理解它所操作的符号的意义。"但真实情况是,不能在直接"操作符号"的机器的同样含义上说一个正在形式系统中进行操作的人。

也许还可以问,根据这一要求,是否有人真正"能演算"。学会加法和乘法的学龄儿童"已接近数字所显现的某些东西"了吗?这难道不是描述他们已习得的能力的奇怪方式吗?哲学家们"已经接近"数字在其中被谈论的一种行话,似乎数字显现着某种对象,然而

---

① 弗雷德·德莱茨克(Fred Dretske):《机器与心理》,载《美国哲学协会论文汇编和演讲》,第 59 期,第 23—33 页。

为了能够演算,肯定不必要熟悉这种行话。

德莱茨克还说道,"要理解一个系统在操作符号时所做的事儿,就必须不仅知道这些符号意味着什么,它们已被赋予怎样的解释,而且还要知道它们对正实现运算的系统来说意味着什么。"一个系统在做事!对一个系统来说符号还有所意味!这里的词语"做"、"意味"、"理解"属于哪种用法?显然,将计算机用语转移到描述人类活动才制造了荒谬的看法,即认为某人在演算时,一个不可见的解释过程正与符号操作的外在过程一并运行着。

为什么也不存在解释作为"物理符号操作"的外部行为的另外过程呢?当某人在用通常的记法进行普通演算时,或许存在着解释问题,例如当他的笔迹潦草时,但正常情况下不存在解释。因此,他"理解他所正做的"意味着某种不同的东西。

塞尔以类似的令人误解的方式反对 AI 的论断。他说道,"计算机程序不能成为心灵的原因仅在于,计算机程序只是句法的,而心灵远不是句法的。心灵是语义的,在它们比形式结构更丰富的含义上,它们有内容。"①

这听起来类似于我谈论过的一些事儿,后者将人类活动看做是比仅仅为物理符号操作"更多东西"的演算。但我肯定不想说,人类活动是符号操作之外包含某种东西含义上的"更多东西"。它不是更多东西而是其他东西,它不是或多或少的问题,而是范畴上不同的东西——即使在遵守句法规则的层面上。

按照反对 AI 某些主张的另一论证,"不是所有解决问题的人类机制都可以被解说为规则支配的行为,就是说,可以在计算机上实

---

① 约翰·R.塞尔:《心灵、大脑与科学》(麻省,剑桥:哈佛大学出版社,1984 年),第 31 页。

现",因为"在其最高层面上,一些解决问题的人类活动要求有直觉,直觉必定不能被描述为规则支配的"。(布坎南①贡献于德雷福斯的观点。)

对于发觉"智能机器"令人厌恶或惊恐但又从不能否认计算机"在解决某些问题上很聪明"的人来说,这可能听起来非常不错。在我看来,出于这一原因,这些论证比 AI 哲学家还大胆的主张更令人误解。人们在这里应该在同样的逻辑含义上说,高级的人类解决问题不能被计算机程序所取代,其整体最初级的人类解决问题也不能被计算机程序所"取代"。上面的论证预设了重要的观念,即一个人或人的心灵,部分的是机器,其整体是机器加上机器之外的某种东西(直觉推理能力)。一些 AI 支持者否认有更多的东西,主张机器部分就"足够了"。在这两种情况下,错误都在于潜藏着有关人类心灵的机器概念,"左右人类活动的机制"的神话。②

按照反对 AI 主张的这一论证方式,似乎直觉也是某种神秘的、超自然的能力,一种"机器中的幽灵"。好像我们有出于先验理由被排除在计算机技术应用领域外的某种实在的东西、一种真实现象。就下面的含义而言,AI 的支持者肯定是对的,即在某个有限的问题范围内,没有先验理由阻止我们对直觉推理的作用和效果构造某种可称为计算机模拟或机械模型的东西。但是,如果在构造这样的(有用)模型上取得成功,人们也无法由此构造人工的人类智能——人们无法出于这一理由构造一个可以代替普通的人类解决问题的

① 布鲁斯·G.布坎南(Bruce G. Buchanan):《作为一门实验科学的人工智能》,载费策尔主编:《人工智能面面观》,第 209—250 页。

② 于是,布坎南(同上,第 232 页)说道:"即使左右人类活动的机制在计算机程序的词汇中还不清楚,人类解决问题的行为却可以通过程序准确地复制。"这一论断的麻烦不是它关于计算机技术的前景(一定意义上可能是对的)所说的,而是它在"准确地复制"中所预设的人类活动的机器概念。

模型。如果普通的解决问题模型被计算机问题求解"取代"或代替，也是因为我们决定代替它：我们参与了新的实践，一种不同的人类活动。我们之所以这样做，(大概)因为我们发现它有用、有实效或者有趣，而不是因为我们构造了可以进行"直觉推理"的机器。①

　　普通下棋和计算机下棋是不同的游戏。对普通下棋来说根本的地方是，它是在人与人之间进行的。在关于用计算机实现直觉的可能性的讨论中，上面两种情况的错误在于，认为似乎有关普通人类下棋所实际进行的真相，应该被展现在对作为计算机下棋之一种的普通下棋的说明形式中。② 在 AI 支持者看来，这全都是真的，而在其某些反对者看来，这只有部分是真的。"一种隐蔽的心理机制"被设定为在人们日常下棋的心灵中发挥作用，问题只在于这一机制可不可能被机械地加以说明。但是，并不存在这样的隐蔽机制。③

　　正是将人的心灵(至少)部分地看做(进行符号操作的)机器的这一观点隐藏在另一观点背后，认为不管"有关人的心灵的丘奇论题是对的"这一点是否对，都存在着有意义的问题。人类心灵的"心

---

① 这联结着一个普通的混淆，即一方面是对计算机技术发展的否定的、成问题的效果的意识形态批判，另一方面是对 AI 概念混淆的哲学研究和阐述。哲学研究关心的是有意义和无意义的边界，关心的是逻辑上可能的、原则上可能的东西，而不是技术上或经验上可能的东西，或者需要和有用的东西。人们可以说，哲学研究关心的是对于这一技术可以有意义地需求或期望或恐惧的东西。
　　对计算机技术的不可靠发展和应用的这一批判，混淆了这些东西，反倒被其对手抓住，因为这一混淆是 AI 某些最不靠谱的应用项目以及伪哲学主张的典型特征。人们有时被说服放弃或重新组织实践活动，以便于依照概念上怀疑却又感到很有诱惑的理由使用计算机。("计算机'能够代替'这个或那个人类活动只是时间问题，所以让我们重新组织……")相反，在混淆描述现有的计算机项目和实验之方式的基础上，可以断定，对 AI 某些最大胆的伪哲学主张来说，已经存在着经验的证据和证明。

② 将此与语言哲学中的情况相比，在那里日常语言片段被解说为一种形式系统。

③ 在讨论涉及将所谓"默会知识"程序化的可能性时，存在着类似于"完成直觉"问题的一些问题。

理过程"被看做符号操作过程,通过丘奇论题,这些过程变成了"可通过图灵机器实现的有效过程"。戴内特和内尔森(Nelson)[①]同其他人一道向我们保证这是真的,尤其是这一说话方式有意义。

在戴内特看来:

> 程序设计者向后追溯行为主义者向前推进的同一任务……AI研究者从意向地刻画的问题开始(例如,我如何能有一台理解英语问题的计算机?),将它分解为也是意向地刻画的亚问题(例如,我如何能让计算机识别问题,将谓语与主语区别开,忽视有关的语法分析?),最后他达到了明显机械主义的问题或任务描述。[②]

这一观念就是,当已经达到这一机械主义层面时,任务便如此"初级"以致它们"可以被机器取代"。保证这一程序将原则上发挥作用的,以及构成"所有智能模式"的研究的,是"丘奇论题的真确性"。[③]

这里应该注意的是,戴内特所建议的"自然语言加工"的方法论是以普通语言的演算再现为基础的。被(错误地)认为理所当然的是,当我们用英语理解问题时所做的是在应用某一(形式的)语法的理论。这里所谈论的那种"意向性",不是属于普通含义上理解英语的"意向性",而是属于应用和使用语言学理论的理论概念和形式方法之实践的理解的"意向性"。"将谓语与主语区别开"或者"忽视有关的语法分析"不是普通含义上人们使用语言时所做的一部分。

---

① R.J.内尔森:《丘奇论题与认知科学》,载《圣母大学形式逻辑杂志》,第28卷,第4期,1989年10月,第581—614页。

② 戴内特:《大脑风暴》,第80页。

③ 这一观念立足于数理逻辑中对丘奇论题已接受的(但成问题的)解释,将在第3部分第10节加以讨论。

然而,更重要的是,普通含义上使用语言的活动不是由实现活动的分离部分或层面合成的,其中一个部分为机械的符号操作。这一机械层面只属于形式再现的活动。

就人类思维是符号操作的一般观念而言,它也不会有多少错误。但是,当这一符号操作概念过分简单化时,当它被理解为符号操作非常特殊的形式时,以及当假定存在着根本的、所有其他形式都建立其上的一种符号操作形式时,问题便产生了。当"符号操作"被理解为一般地组成人类语言和符号系统的各种形式和实践时,这种一般观念是有意义的。但在这一含义上,符号操作像人类现实本身一样复杂和不可测定,因为它与人类生活形式不可分割。记号和符号使用的各种形式不能被理解为孤立于它们所属的活动和实践的东西。(只有联系算术实践,才能决定关于算术表达式"$x+y$"及其使用什么是根本性的。)

当形式系统中理论的再现和演算的应用被看做符号操作的范式和根本形式时,结果便是原始的心灵哲学。

"活动"的不同含义

总之,在上面讨论的 AI 哲学主张的背后,似乎隐藏着对(至少)下面几种事项的概念混淆:

(1)一般的日常人类活动,即已经确立的人类实践和活动的例子,如阅读、散步、说话和演算。

(2)构成(1)含义上人类活动典型特征的外在行为和效果(例如,一个人散步时典型的胳膊运动,一个人演算时产生纸上的笔画等),我们可以对这些典型的行为进行模拟和再造,而不需要实际完成活动。对外在行为的这类模拟当然也是人类的活动（或"意向活动"），即使它不是通常的、既定的实践（尽管比如在孩子学习某事的阶段的确发生）。我们通过指向具有典型特征的活动，倾向于在这个含义上描述行为。"他移动胳膊好像在……"，"他像正……的某人那样站着"。

（3）在日常人类活动的理论再现范围内应用形式模型并进行演算的活动，例如符号识别或句子语法分析的专门模型，说话活动的语音模型，在形式系统范围内再现断定、演算和演绎等等。在这一含义上应用形式模型当然也是（意向的）人类活动，而且是科学工作的关键方面。

（4）操作或使用机器、机械装置或工具，比如汽车、电子计算机或刀子。这仍然是人类活动，可以意味着"在做什么事时使用机器"或者只是"出于机器自身缘故"而操作机器。

（5）机器、机械装置、物理系统的操作（或运行，或工作，或运转）。例如，汽车化油器、门的锁装置或人体循环系统的运行。这里我们有根本上不同于人类活动的某些东西。

这当然是非常粗略的分类，只是旨在帮助描述业已讨论的某些混淆。

所被忽略的是我们作为行为者完成的日常人类活动和实践，不必要像我们对其反思时向我们所显现的那样，而是像我们正常做的那样。正如我们已看到的，关于我们如何做日常事情如演算、理解句子或提问题所犯的最平常的错误是，认为似乎我们的活动包含着对形式的或理论的再现物的应用，尽管总的来说这一应用只被看做默认的或不明确的（有时可以说，我们"对支配语言使用的规则"拥有"仅仅不明确的知识"）。这一错误观念产生于将（3）含义上的形式模型和理论再现看做根本的东西。似乎所有种类的"活动"基本上都属于(3)种类,但在大多数情况下只是"不明确地"属于。"不明确的语言规则"或"思维的隐蔽机制"是形式模型和理论再现的形而上学关联物。①

按照这一思维方式,例如(1)含义上的一般人类活动基本上被看做属于(3)。当语言学家发现我们的普通语言实践是形式模型的(默认的)应用时,他们将解决自己的问题。(这似乎是对一种精神的正确描述,当今语言学和认知科学的许多研究在这一精神中完成。)

但是,实际情况是,只有某些现有的形式模型和方法被看做根本的,而且严格意义上说,被看做根本的不是这样的形式模型,而是它们被操作和应用的方式,即用它们所做的事情。作为人类活动的一种形式,这种"做"是否为另一(不明确的)再现的应用? 认为日常活动和语言实践是隐蔽机制的显现或不明确规则的应用的观念,甚至也是不连贯的。

当人们声言计算机是行为者,它们能直接计算和理解问题时,有一种对(5)和(1)的混淆,尤其是对(5)和(4)的混淆。然而,当"操作"的含义(5)被看做含义(3)的一个情况时,在相反方向存在着更严重的混淆。这一混淆是如下观念的根源,即"在某一基本层面上,人类活动只是机械符号操作,可以为机器所取代"。当说到"图灵机器在磁带上操作符号"时,我们在含义(5)上有不同于操作机器的东西,如同我们说"这机器以电子脉冲形式操作符号"时一样。也有含义(4)上不同于操作的东西,因为图灵机器是形式系统,正是人类在用它们操作和演算,在应用它们。所以,正是操作的含

---

① 在 G. P. 贝克尔和 P. M. S. 汉克尔《语言:有意义和无意义》(伦敦:巴西尔·布莱克韦尔,1984 年)中对这一"规则神话"的不同表现做了阐释。

义(3)在应用着图灵机器。图灵机器的机械规则是在演算中一个人在遵守的规则,①它们是与描述和说明一台机械装置之运行的机械规则不同含义上的"机械规则"。该机器不在人类行为者遵守规则的含义上(即使部分的)"遵守规则"。可见,一者不能被另一者所代替。②

机械装置的操作是不同于人类活动的东西,即使人们借助目的或功能这样的"目的论的"概念来描述。在认知心理学中所谓的功能主义便以反对这一区别为基础。属于第(5)种现象的说明形式被转用于描述和说明人类行为和认知活动,同时还声言这一步以某种方式在形而上学上得到证明。

在上面引述的戴内特对 AI 运行程序的描述中,显然隐含着将人类活动看做由分离的次一级活动合成的观点,似乎一项普通活动由次一级活动的总体构成,或由作为所讨论活动的典型特征的外部行为(在(2)含义上)构成。似乎散步由做次一级活动构成,比如以一定方式迈动双腿,保持身体垂直,以及摆动手臂。或许这一外部行为的总体由"某个心理东西",意向或信念,粘合在一起,但这一点不能被看做严重的难题,因为正是基于可观察的特征,我们才可以识别人们在做什么,包括打算、相信、理解等等。

可是,这一观点是构造人类活动的(系统的)再现物或模型的观

① 关于图灵"机器",维特根斯坦在《关于心理学哲学的评论》中说道,"这些机器是在演算的人类"。这在斯图亚特·山克尔《维特根斯坦 vs 图灵论丘奇论题的本性》一文中做了讨论,载《圣母大学形式逻辑杂志》,第 28 卷,1978 年第 4 期,第 615—649 页。

② 这一混淆处在布坎南下列论证(《人工智能面面观》,第 232 页)的背后:"AI 程序在捕获可靠的解决问题行为的一些因素方面——当人们完成这些行为时要求有智能的任务——显然取得成功。""当人们完成这些行为时"似乎这是同样的活动,或同样含义上的活动,区别只在于行为者一方面是人类,另一方面是计算机程序。

点,它也许对某一专门目的有用,但对于想搞清楚人类活动究竟是什么的哲学目的来说则无用。它不是对我们参与日常活动时我们所做的一种描述。当我散步时,我没必要完成许多次一级活动;当我看见朋友在向某人走去或说话时,我不会基于他的外部行为来推断或解释他在做什么。或许有时存在着这样的推断或解释,但通常不存在,而这一点很重要。我就直接看到一个人在做什么。"我看到你在吃","我看到你在读书","我看到你能游泳"。我不必思考"我看到……"

"但如果我们想发展关于认识这些活动的理论!"我们为什么会想做这事呢? 是想做某些专门应用或解决某些实际问题? 如果不是,我们大概被有关"隐蔽机制"(或内在显现物)的观念引入歧途,这观念包含在我们对人们活动的识别中。我们某种程度上有这样的观念,即在我们知道实际情况包含什么之前,这些判断必须被理解为某种派生物的结果。但是,这是植根于哲学传统和科学传统的偏见。

逻辑规则与条件

对一种语言的表达式或一种符号系统的信号来说,一些特征是本质的,另一些特征是非本质的。例如,在数学的通常记法中,对数字5和9组成的有序对来说,表达式(5,9)的本质特性是记号"5"处在记号"9"的左边;但是,比如这些记号的间距是3毫米就不是本质特征。对5和9的有序对的表达来说同样本质性的是,以一定方式组成的表达式中记号"5"是一部分而")"却不是一部分——比如也可以用记法[5,9]或5/9表达。在这一意义上,一个表达式的本质特征我称之为逻辑形式。

然而,请注意,这一表达式的逻辑形式不是某种纯物理的东西。只有联系到这一记法的现有用法,其某些物理特征才是本质的。我们甚至可以设想一种表达式,其中对 5 和 9 的有序对来说,例如表达式(9,5)像我们现在使用(5,9)时那样使用。在该表达式中,"9"在"5"左边这一物理特征对应于日常记法的相反特征。我们可以想象,发现了有人实际使用的有序对的更极端的不同记法,为了将这新记法翻译为日常记法,很有必要——缺乏翻译手册——决定如何在这新记法中表达本质特征。我们对此不得不在其使用的基础上解决。

可是,对 5 和 9 的有序对来说,不同记法有什么共同之处? 当然,它们都是 5 和 9 的有序对的表达式。

很容易在这儿看到有关数学表达式的观念如何产生,将数学表达式看做某些不可见东西、"抽象对象或实体"的再现或"代替",看做不同记法"所共同存在的"本质。5 和 9 有序对作为抽象对象以某种方式被当做各种记法的原本,各种记法随意的物理特征和差异都被从中去除掉。可以说,它只有本质特征本身构成,好像表达式用法的本质特征不在某种记法中表达却能以某种方式存在似的。似乎作为有序对记法的表达式,在它们被投入到数学实践之前,对其使用的可能性就已经在某处存在着。

在发明有序对的演算之前,"数字 5 和 9 组成的有序对"这一表达式在日常语言中没有它现在具有的确切意义。现在的这一语言表达式在其演算用法中涉及符号(5,9)。对数字的有序对来说,不同记法中共同的不是它们"代表"某种不可见的东西(对象或实体),而是在它们用法的基础上,我们对它们进行运算、联系它们、互相代换它们和翻译它们的方式。这才是有关它们的"共同东西"。

一个表达式或句子的用法也可能包含某些实际环境,其中一些对使用来说可能是本质的,而另一些是偶然的。例如,"路上有只马掌"作为经验句子,只对有关马匹管理实践的某些事实才有意义。另一方面,试分析句子"路上有只猫掌"。猫没有掌,关于看护猫,没有对应的事实可使这一句子成为有意义的经验句子;但我们完全可以想象,这一句子出现在故事或寓言中,即出现在不同的使用形式中。

对一只狗可以有意义地说,"它相信它的主人就在隔壁房间",但不能在可用于狗的主人的意义上说"它相信食品的价格将上涨"。后一句子只能用于熟悉买卖食品的复杂人类环境的一个人。此处的区别不能这样来说明,即说这一特定狗碰巧不知道主人的确碰巧知道的任何有关食品贸易的东西。因而这区别是本质的(概念的)区别。

设想某人就站在阳光明媚、万里无云的天空下。在这一情景中可以有意义地说"他相信天在下雨"吗? 我指的是,在各种情景中我们谈论人们时所说的正常含义上,我们能相信该人相信天在下雨吗? 更有可能产生下面这样的评论:"他肯定是疯子或醉了,因为他表现得好像他相信天在下雨。"而这是可以理解的反应,因为使用句子"他相信天在下雨"的正常条件在这一情景中没有奏效。("正常"在这里指的不是某个统计惯例,而是有关我们使用信念句子的概念规则。这一信念陈述没有含义,并不只是我们在这种情景中很少说这类事这一事实的结果。)

"……相信……"(语言)形式的句子,像语言的其他表达式那样,在忽视其使用环境的某种一贯方式中没有意义。关于一种使用形式的本质性的规则和条件,我们称之为该用法的逻辑规则和条件。

正如对图灵试验和关于所谓"意义的经验理论"的讨论所表明

的,重要的是搞清楚两者之间的区别,即一方面是一个表达式用法的逻辑条件(规则),另一方面是(一种理论的)经验标准和形式条件。对一个表达式的使用来说,关于某些条件是否为逻辑条件,不存在像证实或经验试验这样的东西。在实际的证实(或试验)之前,证实的结局或者试验或实验的结果可能作为"充分确定的"可能性存在;但那些逻辑条件是当它们奏效时针对一个表达式的特定用法的逻辑条件。关于一个表达式的特定用法,本质性的东西不能是那一用法别的方面(即使它只是捏造的用法)。对于一个表达式的用法来说,不可能存在反例这样的事情——在这样的情况中,"反例"必定是该表达式的另一用法,属于别的逻辑规则。

逻辑的规则和条件涉及概念的或内在的关系,一些决定着可被试验或证实的可能性的关系。这些关系并不反过来仅仅作为有关某种具体情况的可能性而存在。

关于表达式在某种情景中的使用,也可能存在有关逻辑规则的有效性或正确性问题,但那只是在对这一使用的逻辑规则是什么不清楚的意义上,而一旦规则被搞清楚,就没有它们是否被满足或有效或正确的另外问题。(逻辑规则不是像自然规律那样的一般假设。)

逻辑的规则(条件和关系)——如我们这里对该术语所使用的——是不同于形式逻辑规则的东西,这一点应该显而易见。后者是一种理论再现物的形式规则和条件。而我们的逻辑研究是非常不同于形式逻辑的机械应用的某种东西。我们感兴趣的是搞清楚表达式用法的现有形式中的现有概念关系,以便清除概念混淆,而不是发明或构造新的语言形式。

如果理论构造和理论说明对科学工作来说是本质性的,那么逻辑研究就不可能是科学研究。

逻辑的规则和条件可以对构造形式再现物或形式化(如在传统形式逻辑中)有启发,但形式化本质上是不同于描述我们语言形式的根本规则的东西。可以说,形式化有而且也旨在有自己作为演算的生命,这是逻辑语法的句子所没有的。逻辑条件只能在预设这些条件的描述系统或描述范围内被描述。在这一意义上可以说,逻辑语法的句子是循环——如果我们的逻辑研究像在形式逻辑中那样旨在某种形式的逻辑说明或证明,而不是旨在描述或提醒自己关于我们使用语言的实践的本质特征,那么这将是成问题的。

出于这一原因,有关逻辑条件的陈述只能被熟悉现实生活中某些环境(逻辑条件就处在这里)的人、想起逻辑条件或类似条件的人所理解。这也许还可以这样来表达,即对表达式(像信念句子或数的有序对的表达式)的某些用法来说,逻辑条件只能在这一用法范围内被描述。只有在这一视角中,才存在着本质的和非本质的特征间的区别。

可见,应该显而易见的是,一个形式(或演绎)系统或一种演算是某些表达式用法的本质特征的再现,仅当这一用法实际上是形式系统的应用,即仅当演算的规则被当做规范时。表达式用法的这类规则当然存在着,例如在数学、形式逻辑和形式语法(的应用)中(例如在包括典型例子的练习中);但对实际语言使用的观察表明,这些情况是例外。语言使用的大多数形式不是(也许还没有清楚地公式化的)形式规则的(要么默认的,要么不明确的)应用。

带着有关形式逻辑和形式语法的传统哲学主张,以及在解决AI中"框架问题"的尝试,人们肯定忽视了我们语言实践的这些事实,而且将任何语言实践都看做(原则上)是(默认的或不明确的)形式规则系统的应用。

这一思维方式的不连贯性可以在当我们考虑两方面的区别时

看到,一方面是形式规则(形式再现的规则),另一方面是"对该形式规则的遵守"。对表达式的用法来说,形式规则只有通过人类实践才决定这一用法,在那里活动中的一致性是正确地和不正确地遵守规则的最终标准。总的来说,不是先有逻辑规则的条款,然后才有其应用,而是恰恰相反。在一种实践被规则的条款所限定或激励的情况中,这种情况的发生是以正确地应用条款意味着什么为基础的,就像它由现有的实践来决定那样。仅仅由一般规则的公式化或言语表达不能得出结论说,遵守规则或应用规则意味着什么。

一定意义上可以说,即使严格规定形式系统中的明确的形式规则,也无法"完全决定"遵守规则意味着什么。因为这最终依赖于遵守规则的人类实践中的一致性。而一条被陈述的规则(命令、程序)总是可以被以系统的方式误解。提高公式化和阻止一种误解的每种努力都将引入新的误解的可能性(即使人们随着经验和能力的增加而减少发生这些错误的可能性,提高公式化实际上可能仍然有作用)。

对这一"依赖实践中的一致性"的概念含义来说,重要的是它是活动中的、活生生的实践中的,而不是意见、理由或证明中的一致性问题。对这"一致性"是否正确或是否关联其他东西来证明,不存在什么问题。

无法看到这一点是哲学困惑的重要根源,例如在关于"理性"的理论中、在言语行为理论中(这里逻辑条件被看做有待证明或证实的经验标准)以及在克里普克的规则怀疑论①中。克里普克认为,在实践中的这种一致性之外,似乎存在着对我们来说原则上不可接

---

① 索尔·克里普克:《维特根斯坦论规则与私人语言》(伦敦:巴西尔·布莱克韦尔,1982年)。克里普克的"规则怀疑论"论证将在第2部分第11节进一步讨论。

近的别的东西(像加法规则的扩张),我们遵守规则的方式是否正确便以此为基础。他由此得出荒谬的怀疑论:"我从不能确切地知道某人在遵守某一规则而不是别的规则"。

克里普克对"规则怀疑论"的论证可以被看做归谬法论证,表明正确地遵守规则的逻辑标准不能由形式的或外在的标准捕获,而是与人的实践内在地关联着。可以被看做在表明这一点的另一个论证,是奎因对"翻译不确定性原则"的论证,它可以说指明外语句子的使用形式不能出于本地说话者的言说行为而由因果地确认的标准来捕获。语言的各种形式与该语言的说话者的整个生活方式不可分割。

"然而,你不是在阐述某种语言的或文化的相对主义吧?"不是,"依赖语言实践中的一致性"指的并不是一种观念,有关语言一般观点的理论或论题要建立其上;它指的是要反对某些一般观点,而指向有关我们使用语言的实践的简单(在一定意义上琐碎的)事实,这些事实无论如何都是根本的,我们实际上的确在此基础上达成一致——在实践中,不管是相对主义者还是非相对主义者。除了这个一致性,不会再有别的一致性。在如"这是那一规则的例子"之类判断上没有正常的一致性,也就不会再有观点或意见上(例如在语言哲学中)的不一致性这样的事情。

要将我这里所说的解释为一种"语言相对主义",就似乎认为可能毕竟存在着也许对我们来说不可接近的东西,我们的语言形式和是否正确地遵守了规则便以此为基础。这就是要承诺一种可能性,好像这样说至少是有意义的。但是,因为这一"最终依赖实践中的一致性"是概念上的依赖,这样说便没有意义。你不能承诺某种可能性有意义,同时又说可以撤掉表达意义的基础。

语言概念与意义理论
NOTIONS OF LANGUAGE
AND THEORIES OF MEANING

先验意义理论 vs 自然主义语言理论

由于弗雷格和维特根斯坦所推动的许多传统哲学问题的"语言转向",意义理论的发展已变成当前哲学的关注焦点,已经提出了各种理论。弗雷格本人被看做做出了第一个贡献,胡塞尔的哲学被认为包含着意义理论或者就是一种意义理论,维特根斯坦的《逻辑哲学论》以及奎因的语言哲学中也被认为有一种意义理论。由塔尔斯基、卡尔纳普和其他人所激发的传统中的语义理论被某些人看做是解决意义问题的恰当方式,即使对"自然语言"情况亦是如此。

将元数学和形式语义学的方法扩展应用到对日常语言的研究的这些尝试也吸引了语言学,而这已引起语言中语言学的和哲学的兴趣的某种混淆。这一发展似乎是戴维森和达米特开启的"意义理论应采取什么形式"讨论背景的一部分,这一讨论反过来在意义理论的主题方面引起重建的兴趣。

我们这儿所具有的不仅是不同路径含义上的不同意义理论,而且存在着更根本的(但被忽视和误解的)区别,该区别使能否将例如弗雷格和戴维森的意义理论看做同样含义上的意义理论成为问题。在我看来很显然,存在着一种重要的含义,其中我们语言的表达式如何有意义的问题,即弗雷格和早期维特根斯坦想解决的问题,在形式语义学或如戴维森的意义理论中甚至都未触及。这些问题不能在形式语义学中被解决,理由是弗雷格和维特根斯坦本人所关心的是通过语言表达含义的先验条件。他们感兴趣的是对其概念内容来说属于本质性的句子结构,而当前大多数语言理论或多或少在自然主义的视域内发展①。

在华沙学派的自然主义态度中,以及在逻辑经验主义内进行语言研究的各种路径的关联中,没有这一含义上"先验条件"或"本质结构"存在的空间。在康德用于谈论"经验知识的先验条件"时,"先验"一词的含义与自然主义观点是不相容的。仅当它可以被看做属于自然(或看做是数学实体)时,它才被允许。在形式的或纯数学的关系被这样理解的含义上,先验某种程度上被理解为先于或独立于经验,它不可能被理解为意指概念的关系。自然主义传统的统一态度曾是(而且依然是),关于语言的哲学研究(用奎因的话说)"就其目的和方法的要点而言,应无异于科学"②。这一自然主义态度中的语义理论或意义理论是本质上同样的理论,跟自然科学和数学的理论一样带有相同的方法、处在同样层面上,像在其他科学理论的同样意义上带着需要论证、推导或证明的原始术语、公理和定理。在这一自然主义哲学中也有各种趋向之间的区别,例如在对待"内涵语境"的不同态度上,以及在是否想让理论属于严格的经验理论或"允许有抽象实体"和更像数学理论上;但基本的自然主义态度却是相同的。为了将这一类研究与语言学科学区分开来,人们也许会说,这些理论因为是哲学理论而比语言学理论关涉语言更一般更抽象的方面。然而,这一区别只是被看做程度问题。

---

① 占主导地位的自然主义语言理论中的一个例外,是派尔·马丁-洛夫(Per Martin-Löf)在《直觉主义类型理论》(那波利:比布里奥波利斯,1984年)以及"命题的真、判断的证据和证明的有效性"(《综合》,第73卷,1987年,第407—420页)中的意义理论,后者打算成为一种"先验的意义理论"。

② W.冯·O.奎因:《语词和对象》(麻省,剑桥:麻省理工学院出版社,1980年),第3—4页。奎因在这一论述中认为,科学由现代数学和自然科学组成,后者表达在现代经验主义的视域中。带着这样的理解,奎因的论述就成为我在本书中所说"自然主义态度"的最好例子。

关于语言的这些自然主义理论还意味着其正确与否是在其他科学理论的同样含义上的。它们不得不以经验证据、可应用性和连贯性为基础来证明其形式结构、简单性等等。这意味着，这些理论像其他科学理论一样不能免于修正。它们有假设的特征。尽管是旨在解决有关语言和逻辑的根本性问题的理论，它们却仍有假设的特征！

鉴于其附近潜藏着怀疑论和相对主义的后果，在胡塞尔和弗雷格所批判的十九世纪后期心理主义和经验主义的怀疑论和相对主义中恰好有其副本。想克服这些哲学问题的愿望是弗雷格、胡塞尔和前期维特根斯坦研究意义问题的动机和出发点。所以，似乎可以公平地说，这些意义问题在形式语义学或像戴维森的意义理论中一点也没触及。对哲学问题假设式的解决一点也不被认为有问题，因为教条的、自然主义的态度选择某一科学方法和技巧作为"真理的最后仲裁者"（还用奎因的话说）。

作为意义理论，这些自然主义语言理论竭力以间接的方式抓住意义。它们在如下的意义上是外延性的，即它们在"元语言"中力图根据表达式的外延（指谓、指称、真值）刻画表达式和句子的意义。在元语言（用于构造理论的语言）中，一个表达式的意义总的来说不是研究的问题，而是理所当然的。在弗雷格、胡塞尔和前期维特根斯坦的先验意义理论中，对范畴区别的研究，对具有某一用法的表达式之本质的和非本质的特征间的区别的研究，被算做主要任务。然而，即使这样的意图也与自然主义态度不相容，因为它致力于超越自然主义的视野。① 通过外延的程序，范畴的区别、某一既定用法

---

① 对自然主义哲学的批判见 E. 胡塞尔的 "*Philosophie als strenge Wissenschaft*"，载《逻各斯》，第 1 卷，1910—1911 年，第 289—341 页。被翻译为"作为严格科学的哲学"，见 E. 胡塞尔的《现象学与哲学的危机》（纽约：哈珀 & 卢，1965 年），Q. 劳尔译，第 71—147 页。

中的表达式之本质的和非本质的特征间的区别,便被遗忘(像塔尔斯基和奎因所清楚指出的)。为了释义或形式化,由预先设立的技巧所决定的命题的强制形式结构,在这些自然主义意义理论的"意义详述"中,成为代替表达式根本特征的东西。形式上的重建取代了对既定概念的本质特征的清楚表达。

先验意义理论和自然主义语言理论间的这一区别以不同方式反映于弗雷格著述中使用的含义/指称区分以及后期自然主义关于语言的理论化。弗雷格属于康德传统,①至少就他识别思想和判断的概念成分和经验成分间的区别而言是如此。他认识到,关于经验对象的知识有其先验条件,这些条件正是逻辑研究的主题。因为这些先验条件逻辑地(内在地)联结着经验对象,所以把经验对象当做脱离我们概念系统的东西(用达米特的话说,看做"赤裸的对象")来谈论是没有意义的。弗雷格的含义概念,作为一个对象通过自己的名称被给予或被显示或被表达的方式,便旨在说明名称和被命名的对象("指称")间的概念联结。

关于这一点,很显然,含义/指称区分(以及内涵/外延区分)在当前形式语义学中是极为不同的概念。按照弗雷格的看法,把"指称理论"看做跟"含义理论"分离的理论是没有意义的,似乎"含义"和"指称"是不同的(但也许重叠的)事物或对象领域,相互之间以及与我们语言的名称外在地联结着。在弗雷格看来,要对名称在其中有指称的方式(以及句子在其中有真值的方式)予以阐明,就是要阐明名称的含义。这包括不是关注所指称的对象或任何对象,而是关注对象被设想的方式,像它将自己显现在语言、显现在对象的名

---

① 弗雷格的逻辑研究与康德传统的亲缘关系近来已被许多作者所阐述,例如莱拉·哈帕兰塔(Leila Haaparanta)的"作为逻辑发现方法的分析:对弗雷格和胡塞尔的评论",载《综合》,第 77 卷,1988 年,第 73—79 页。

称中一样。弗雷格的阐述是逻辑性的——它关心的是在语言中使指称成为可能的东西。然而，对"对象在语言中被给予的方式"的这一关注，不是在更高层面、在"元语言"中进行的转换智能操作，在那里对象在"对象语言"中被给予的方式被当做研究的对象。这一思维方式——它是元数学传统的典型特征——将以类似方式陷入对象语言和元语言的无限倒退，或陷入"含义"和"指称"的无穷等级。在自然主义态度内，人们对这一无限等级感到很愉快。它被看做很自然和不可避免的东西（罗素、丘奇），它在自然主义视角中也是不可避免的。对弗雷格、胡塞尔和前期维特根斯坦来说，这是一个问题，因为在他们看来，将这一无限倒退看做我们不得不面对的东西，就是要将对逻辑规律和科学原则进行最终的、绝对的概念证明这一工作看做不可能的事儿。任何概念证明和意义说明都将肯定只能是假设的或相对的（对某一元语言中使用的概念和方法来说），似乎我们对自己的概念只能有间接的或中介的关系。所以，他们支持康德的观点，即概念研究必须是本质上不同于普通科学研究的一种研究；它必须是对意义的先验研究，我们在其中注意的是我们所拥有的与所使用的概念和语言的直接关系。

在形式语义学中，指称或指谓的能力被看做语言表达式的基本特征，这一指谓关系被看做功能关系（就是说，模型理论中的"解释"将指称派给名称，或将一组模型派给句子，"派给"是在如下同一意义上使用的，即当我们说在数学的这一论证中派给函数那个值时）。人们无法像弗雷格那样将"表达一种含义"看做语言表达式本质上不同的方面，它在概念上先于指谓或指称，或者一定意义上是指谓或指称的前提条件。语言表达式拥有含义这一点在形式语义学中根据指谓关系来说明或阐释。但是，这样的说明不能作为对元语言中所使用的表达式如何有意义的阐释。

可以正确地说,弗雷格关于含义和指称的理论对后来形式语义学的工作(例如对卡尔纳普和丘奇来说)是重要的启发源泉,但是若将这一工作描述为弗雷格的观念和意图的继续和发展,则是非常令人误解的。在"理论"一词被形式语义学使用的方式上,"语义理论"或"意义理论"对弗雷格(以及对胡塞尔和前期维特根斯坦)来说是不可思议的,或者毋宁说,这样一种理论使弗雷格最根本的问题没有得到解决。

意义理论 vs 概念研究

没能看到先验的意义理论和自然主义的意义理论间区别的另一个例子,是当形式语义学和意义理论中的最新理论(比如戴维森的理论),连同弗雷格的理论和《逻辑哲学论》中的理论,被全部归类为意义的真值条件理论时。"一个句子的意义在于其真值"这一观念被弗雷格和《逻辑哲学论》理解为对句子的个别形式进行概念的(或逻辑的)研究的原则。它没打算成为如下问题的答案,即"一种意义理论应采取什么形式"或者如何构造一种形式的语义理论,因为如当前所讨论的,这些问题被纳入一种理论的自然主义概念的框架,而弗雷格和维特根斯坦并不在这一含义上关心"意义理论"的形成。

在可证实性原则即"一个句子的意义在于其证实的方法"的两种含义之间有着同样的区别。在自然主义框架内,它被理解为在系统的意义理论内形成意义说明或构造证实主义的形式语义学的原则。然而,作为概念分析的方法,作为对有关一个陈述的意义发生问题时发现意义的指导,这一原则曾经被爱因斯坦、布里奇曼、维特根斯坦、石里克和其他人所陈述和成功地使用。它是像亚瑟·帕珀（Arthur Pap）所论述的那样一条原则："发现一个陈述的意义，发觉人们会如何去证实它，或者为了确定其真实性，人们会接受什么种类的证据。"①以这一方式理解，"意义的可证实性原则"与句子的意义在于其真值的原则便不再是相互反对的；前一原则可以看做是后一原则比较特别的形式。将这些原则理解为概念研究中的指导原则这一点却在卡尔纳普、亨普尔和其他人的逻辑经验主义中失去了，在后者中自然主义的理论构造代替概念研究成为哲学的主要任务。可证实性原则由此变成了处理经验意义的自然主义理论形式而"使其精确"的原则。

弗雷格和前期维特根斯坦所关心的对命题意义的研究（例如在数学中）是概念研究。正如他们所设想的，目的是揭示命题的逻辑内容，以便证明命题的某种形式化是其逻辑形式的一种表达（在成为一个命题为真或为假的本质特征的含义上）。他们认识到，这样的"内容证明"不能只由科学的方法、理论或技巧的应用构成（像在布尔逻辑或十九世纪后期的心理主义和经验主义中那样），而是不同于科学任务的一项哲学任务。要给予这样一种内容证明无异于要给予哲学的和概念的基础。该证明必须成为结论性的或绝对的。它必须以"表达必然真理的证据"——用胡塞尔的概念说——为基础。它不可能像科学说明那样存在假设的东西。它不可能依赖某种科学理论或方法的预设，因为这样它就无法构成最终的基础。最终的基础似乎正是人们所需要的，以便克服各种形式的相对主义、

---

① 亚瑟·帕珀：《科学哲学导论》（纽约：自由出版社，1962 年），第 5 页。

主观主义和怀疑论。①

这意味着,先验意义理论最好是被看做概念研究的方法或哲学分析的方法,而不是关于(自然界中)某种实体或现象的理论,而后者是目前自然主义传统中流行的理论概念,在那里甚至数学都被看做关于数学现象的自然科学。如同弗雷格设想的那样,说明算术陈述如何有意义的任务和概念上澄清数的概念、算术陈述的真理概念等等的哲学任务,被看做不可分割的。这对于《逻辑哲学论》中的"意义理论"来说同样正确——它与对事态结构、思想结构和世界结构等的阐释不可分割。

在戴维森的传统中,"意义理论"的两个含义间的区别已划分出来。一方面,该概念指的是有关特定语言的意义理论。这样被谈论时,它是"非哲学的"和经验的理论。另一方面,"意义理论"指的是第一种含义上的意义理论应该满足的观念、原则和条件的系统。哲学阐释被认为属于这一含义的理论。不管弗雷格的意义理论还是《逻辑哲学论》的理论都不适用于这一分类,应该是显而易见的。将弗雷格的概念文字——他在那里应用了其含义–指称原则——描述为展示一种"有关算术语言的经验意义理论"(不管这意味着什么),肯定是荒谬的。它原本意味着算术语言的概念研究的结果,并为算术奠定逻辑基础。将弗雷格的"论含义和指称"展现为在提供某些经验理论应该满足的原则和条件,同样十分令人误解。甚至更误入歧途的是,将它描述为关于某种实体或事物的一般理论(例如

① 可以说,作为一种哲学立场,自然主义态度等于将某些新近的科学方法——比如谓词演算、集合论、博弈论、行为心理学、经典物理学、计算机科学、神经生理学——作为最终的基础。这意味着将这种相对主义和怀疑论变成人们不得不朝夕相处的不可避免的和永恒的"哲学"立场(后现代主义)。弗雷格和胡塞尔所感到的尖锐问题,他们从事哲学研究的动机,被看做似乎得到哲学的解决。

关于"内涵实体"的理论）。它宁可说指的是为我们语言的某些形式的先验意义研究展示一般概念和原则。如果它不得不被称为关于什么东西的理论，那么它是关于如何解决概念问题的理论，这些问题与我们语言的某些表达式在其中以有意义的方式联结着。

　　相反，按照戴维森的意义理论观念，给出意义理论和进行概念研究似乎是不同的和互不相关的任务，一定意义上不涉及后者前者也能被完成。在为一种语言构造意义理论时，甚至不必担心那些有歧义的表达式，因为——在戴维森看来——只要它们不影响语法形式，它们就被翻译为元语言，"一个真的定义不说任何谎话"。① 在意义理论的先验概念（比如弗雷格的概念）中，具体说明和消除歧义性倒是在意义理论能给出之前意义研究必须解决的问题的首要例子，因为这是搞清楚表达式的逻辑形式所包含的内容的一部分。戴维森反而声言，我们应该观察"揭示"句子的逻辑形式和分析句子个别形式的内容这两个任务间的"根本区别"！

　　我们这里已有"逻辑形式"术语（由此还包括"意义"和"意义理论"术语）的两种极为不同的用法。在戴维森看来，给出一个句子的"逻辑形式"，就只是根据为释义预设的技巧（通常是谓词演算），发现该句子的释义或形式化，使理论形式上的连贯成为可能。② 于是，要发现句子如"约翰相信地球是圆的"之逻辑形式，不用深入到这样一个信念句子的实际内容，似乎也是可能的。（将它变成句子、人和语言间的三阶谓词，戴维森认为是一个合理的建议。）③

　　戴维森很可能与奎因一起认为，谓词演算中的形式化不造成

①　D. 戴维森："真和意义"，载 J. 库拉斯（Kulas）等人主编《哲学、语言与人工智能》（多德雷赫特：克鲁维尔学术出版社，1988 年），第 105 页。

②　这就是语言学家所谓的"给出语义再现物"。

③　戴维森："真与意义"，第 105 页。

"同义论断",其目的不是要捕获"隐藏的意义"。所以,在戴维森的理论中,一个句子的逻辑形式代表着被强加的(不是掩藏的)形式结构,而在弗雷格、胡塞尔和前期维特根斯坦的先验理论中,它代表着该句子要表达的内容的本质特征。① 发现一个命题的逻辑形式和搞清楚其内容从而成为可以分割的任务。逻辑研究、意义研究和概念研究本质上只是同一哲学任务的不同名称。其目的是要解决哲学的问题,而不是语言学的问题,不只是目前所谓"语言哲学"要讨论的那些问题。称其为"意义研究"的理由可能是,这在概念关系的语言显现的基础上,强调弗雷格和维特根斯坦进行概念研究所获得的重要洞察,而不是根据传统形而上学的和唯心主义的哲学概念,后者由于科学的快速变化和发展而早已变得过时。

　　一定程度上说,达米特似乎同情作为概念研究的语言理论的这一观点,该理论也是解决总的哲学问题的最有指望的路径,甚至包括通常被看做不属于语言哲学的问题,比如数学中有关实在论各种争论的问题。在达米特看来,处于这些争论的根基的是使用数学语言的意义理论应该采取什么形式的问题。显然,一种意义理论必须被理解为或包含着一种概念基础或证明。但是,从另一方面看,达米特又符合戴维森的观点,所以无法直接搞清楚他在先验意义理论和自然主义语言理论的对立面中究竟站哪一边。我认为,正确的描述是,在达米特的著述中,存在着某些互不相容的观点间的紧张或深层对立:一方面是属于先验意义研究例如弗雷格的观念和目的,另一方面是如同戴维森自然主义路径中显现的问题的概念、方法和

---

① 这是常常被忘却的两种形式化之间的区别,一方面是在为了释义而应用形式技巧,或者为了形式的理论构造或计算机运行的目的而再现句子的含义上,另一方面是在作为概念上的本质特征的具体阐述的含义上。这也许是先验语言理论和自然主义语言理论间区别的最根本之点。

框架。

在其"什么是意义理论?"①一文两部分的第一部分,达米特论证道,如果一种意义理论要对理解语言表达式是什么给出彻底的阐释,它就不能只是某种系统翻译的形式。它应该"说明什么是拥有按照该语言可表达的概念",它必须在这一意义上是"有说服力的"理论。给出一种意义理论由此包含概念研究,以便能够决定和陈述对一种语言所表达的概念来说是本质性的东西。只有一种有说服力的理论才拥有达米特想让一种意义理论具有的哲学重要性。例如,如果数学语言中没有一种有说服力的意义理论,数学中有关实在论的争论就一点也不可能触及根基。如果数学中推理的基本原则的概念证明依赖于(达米特所谓的)"额外的预设",该证明只会是假设的和相对的。有关实在论的争论也只会转化为有关这些预设的争论,最后可能一点收获也没有。

很显然,达米特——在要求有说服力的理论时——共享着先验意义理论的哲学目的。这一要求是弗雷格、胡塞尔和前期维特根斯坦哲学主张的直接产物,即要求有关逻辑原则的哲学证明必须是非假设和绝对的,以便克服心理主义、经验主义和历史主义的相对主义和怀疑论的后果。② 另一方面也很显然,达米特接受了许多戴维森的自然主义概念和预设,比如作为一种经验现象、作为一种表达系统的语言概念,而"意义的具体说明指派意义"给这一表达系统。他接受将这些表达式看做对象语言中的物理对象的自然主义观点,该观点将真值谓项界定为一种数学函项。他使用含义/指称的区

----

① 迈克尔·达米特:"什么是意义理论?",载《心灵与语言》(牛津:克兰伦敦出版社,1985年),萨缪尔·伽腾普兰(Samuel Guttenplan)主编,第97—138页。

② 然而,"有说服力的"(full - blooded)一词的选择的确表明不同于弗雷格、胡塞尔和维特根斯坦从事哲学的精神。

分,似乎指称理论和含义理论是可分离的理论。他有时用行为主义术语谈论有关意义知识的显示,似乎"显示"这类知识的实践能力在不使用"语义概念"时就可以具体说明。但是,这些自然主义预设与有说服力的要求是不相容的。依据类似奎因对翻译不确定性的论证或克里普克对其"规则怀疑论"主题的论证,可以说,建立在这种自然主义基础上的意义理论注定是假设的或"不确定的"。

有说服力的要求是对理论不依赖于额外预设的要求,在这里,自然主义概念的本质是,某些以科学概念和方法的形式出现的额外预设不加(绝对地)证明地被使用着并当做理所当然。可见,有说服力的意义理论的观念或一种绝对的概念基础在戴维森那样的经验－语言的视角中(当达米特将"意义理论"看做理解理论时,这也是他的视角)没有一点意义。在这一视角中,人们设定一种意义理论应该用于向还不曾有这些概念的人说明这些概念。这跟弗雷格、胡塞尔和维特根斯坦致力于的绝对概念证明的观念一点关系没有。它是一种误解,产生于语言学的和哲学的目的的混淆。

语言学视角与哲学视角的混淆

如果"意义"概念是不同于概念内容的东西,即不同于戴维森通过"个别概念的分析"(用他自己的话说)要说明的东西,那么在自然主义理论如戴维森那里,它是什么呢? 是否存在着不同于"逻辑内容"概念的"语言学的意义"概念? ——在讨论戴维森的观念时,人们有时谈论有关一种自然语言如英语或英语片段的意义理论。"意义理论"的这一含义显然本质上不同于下一含义,即我们谈论"算术语言的意义理论"或谈论"直觉主义语言的证实主义意义理论"的含义。在讨论如何在意义理论中处理信念句子或反例陈述时，该讨论很可能不是讨论英语中的信念句子和反例。弗雷格并不是在给出德语（算术）语言的意义理论。

有人可能以为，我这儿指的是目前对一方为意义理论或形式（人工）语言语义学而另一方为自然语言间的区分，但我不是。像目前所采用的这一区分包含着对弗雷格和前期维特根斯坦先验意义理论的误解，如果人们认为这些理论只关涉形式语言，因为它们旨在成为有关日常语言的意义理论的话。在自然主义概念中，人们高估了这样的事实，即在对自然语言表达式概念上的本质特征进行具体阐述的含义上，形式化被看做概念分析的一部分，说明日常语言的句子如何有意义的一部分。①

如果这些先验理论有什么不对的话，也不是它们没能将"语言学的意义"概念阐释为某种不同于逻辑内容的东西，因为这些理论的目的是哲学的而不是语言学的。没能看到这一点隐藏在所谓"情境语义学"对弗雷格的极不公平的批判背后。弗雷格的理论被判定为一种有关自然语言的语言学理论。当人们在情境语义学中将陈述对其所使用的语境的逻辑的或概念的依赖当做一种功能依赖（人们可以正确地批判弗雷格高估了这一点），从而当做一种非逻辑的依赖时，这一批判尤为不公。换句话说，情境语义学的倡导者在声言要改正弗雷格的地方犯了与他同样的错误。

我们这里所面对的是有关语言的语言学的和逻辑－哲学的目的和兴趣的复杂混淆。正如我已试图指出的，这一混淆在严格的自然主义的观点中是不可避免的，在那里对意义的哲学的、先验的研

---

① 维特根斯坦《逻辑哲学论》中的"逻辑句法"概念由此本质上不同于卡尔纳普和逻辑经验主义者的（自然主义的）句法概念，后者认为它是"从内容中抽象出来的"关于表达式及其形式的科学。

究是无法设想的东西,因而是一项错误的事业。所留下的只是通过科学方法对语言的研究,但在戴维森和其他人看来,某种程度上它无论如何也意味着是哲学。在我看来,这一混淆是目前语言哲学许多传统中所讨论的问题的重要的共同根源。力图同化哲学的和语言学的目的和概念似乎是戴维森和达米特对意义理论的讨论、乔姆斯基传统、蒙塔古传统、情境语义学,以及总的来说"关于自然语言的形式语义学"的基本出发点。

语言研究的自然主义路径为这一发展做好了准备。语言的先验研究和自然主义观点间的分界线是希尔伯特的元数学观念。在元数学的方法论论纲中,我们发现目前(分析)哲学和语言学理论中有关语言的某些最流行的自然主义观点和概念的根源。希尔伯特的自然主义态度在其追求经验的自然科学和作为"有限论的心灵框架"的"具体地被给予"中非常明显。他将证明论的观念①阐述为数学地解决有关数学的哲学问题,总的来说明显启发了许多人沿着类似的路径从事对哲学和语言的研究。② 希尔伯特引入了哲学的和数学的目的和视角的混淆,这是有关语言的语言学的和哲学的混淆的副本(很大程度上也是原因)。正是从希尔伯特的有限论看,我们具有一种语言的自然主义观念,将语言看做自然现象和物理对象,将语言表达式的形式看做某种仅仅空间的结构或在口语情况中时间的结构。这一概念构成后来引入的专门概念的基础,例如下面一些

---

① 例如见其论文"论有限",载冯·海因诺尔特(von Heijenoort)主编:《从弗雷格到哥德尔,数理逻辑资源手册,1879—1931 年》(麻省,剑桥:哈佛大学出版社,1977 年)。

② 在其"自传"(载 P. A. 施尔普主编《鲁道夫·卡尔纳普的哲学》,1964 年)中,卡尔纳普说明了他使用"对象语言"和"元语言"的目的:"凡是希尔伯特在对象语言中只出于给出数学系统连贯性的特定目的而阐释其元数学的地方,我都旨在构建语言形式的一般理论。"

区分:塔尔斯基和卡尔纳普的句法/语义学,作为目前有关语言的理论化中的普通概念的对象语言/元语言、类型/殊型、使用/提及等等。通过习得和训练这些专门概念以及以此为基础构成的其他概念,当今关于语言的许多语言学家和哲学家即使意识不到也都成为自然主义语言观的支持者。

　　处于目前自然语言的意义理论和形式语言的意义理论间区分之下的语言概念,是作为记法系统、作为词和句子(术语和公式)的演算的语言概念。在这一概念范围内,自然语言被看做约定俗成地或自然地起源于人类历史,只是不清晰的严格演算,而形式语言则是明确构造的演算。当卡尔纳普和戴维森将信念句子当做包含人、句子和语言间的(外在)关系来谈论时,显然"语言"被理解为(约定俗成的)记法系统。当达米特认为一个完整语言的意义理论必须给出"所有词和构成句子的操作之意义的详细说明"时,他显然在谈论(像乔姆斯基那样)作为生成句子的规则系统的自然语言。如果我们采用这一作为记法系统的语言概念,那么我们就必须说,弗雷格和维特根斯坦都不曾关心自然的或形式的语言的意义理论。在关于语言的这一概念中,概念的或逻辑的视角被排除了;语言是"与现实分离的"、与表达式的使用形式分离的,它被看做一种经验的或历史的现象,或看做一种数学结构。在这一语言学视角中,兴趣不再是作为(先验)概念的或逻辑的关系的语言形式。但这恰好是弗雷格和维特根斯坦感兴趣的中心问题。

　　有关语言的语言学的和逻辑的－哲学的视角有一个深层的混淆。后者是概念的而不是经验的(或历史学的、或心理学的、或文学的……)。在哲学研究中,人们的兴趣不是在作为约定的记法系统或作为习惯的表达形式的语言,即在这一含义上,语言学家们将德语理解为一个系统,而将英语理解为另一系统。逻辑的－哲学的研究关心的是作为概念系统和关系的显现物的语言形式。它因此在一般性层面上开展研究,这里作为约定的记法系统的语言的许多特征(语言学家或许感兴趣的特征)是毫不相干的,比如英语和德语反例句子间的差异。将语言看做经验现象或自然文化史现象的语言学家们,当然对关注作为经验语言现象的歧义表达感兴趣,不用担心其成为概念混淆和误解的潜在根源,因为他们可能不关心任何特定的语言使用形式。如果他们打算将语言描述为一群人的表达形式的约定系统,那么他们当然会带着这些歧义性描述该语言。但是,将哲学的意义理论家(例如弗雷格)描述为在关心与此类似的东西,则肯定是错误的。

将"语言的意义"看做不同于概念内容的东西,看做某种仅仅与一种记法系统的词和表达式联结着并由此决定的东西(或许可以通过系统观察这些表达式的使用者的行为来研究它们),这种观念立足于对表达式的意义和说出它们的因果因素(或对它们的习惯化的阅读)的混淆。这一观念似乎来自将词典例如德英词典看做一系列等式,或恒等式"X = Y",其中"X"是一个德语表达式,"Y"是一个英语表达式,断定"与'X'和'Y'联结着的意义是同一个东西"。显然,这一将词典看做一系列等式的观念,承认所谓"语言的意义"的某些实体的(绝对)同一性,也是混淆语言学的目的和传统哲学中概念内容的逻辑研究之目的的结果。它产生于将表达式同义性的语言学概念看做逻辑的或先验的关系的错误观点。词典所关心的语言,不是作为概念关系的显现,而是作为历史境遇中约定的记法系统,而"等式"中所断定的是,从例如惯用语、技法、风格和历史等各个方面的某一方面看,两个表达式已被认定是(以阅读而不是使用的"后验研究"为基础)相等的。

将词典当做一系列绝对恒等式的观念也包含在奎因有关翻译

的肤浅概念中,他将"翻译手册"看做在于"制定一套有效规则"而使句子从一种语言转换为另一种语言。每个但凡参与过翻译文本甚至老版科学文本的人都知道,翻译不是那样工作的;从重要的方面看,翻译并不与构造数学结构间的一一匹配相似。某一英语句子是否被正确地翻译为一个特定德语句子依赖于该句子的使用环境、交流情境等等。正确性的标准不是绝对的"语言的意义"或"字面的意义"的同一性,它由只作为表达式的句子决定。不存在这样的东西。①

作为供一个民族或一群人交流的约定的记法系统的语言,是传统语言学研究中有关语言的基本概念。认为一般的语言学研究所涉及的不是特定语言,而是总体上作为记法系统的语言的"根本的共同结构"("普遍语法"、"共时结构"等),这是错误的观念。正是在这一方式中,语言学的和逻辑的－哲学的目的的混淆出现在语言学家一边(例如在乔姆斯基的工作中)。之所以是误解,是因为它将表达式及其阅读而不是其在生活中的使用当做概念研究的基础。传统语法通过比如"句子"、"名词"、"动词"和"形容词"这样的古老范畴来描述、分类和比较表达式的形式。基于这一语法描述,使用形式和语言交流的形式得以说明、推导和阐释,似乎语言是"语言之外"现实中各种目的的手段。可以说,"在逻辑的－哲学的研究中,语言和实在不能彼此分开",而这意味着:表达式必须在其正常使用形式中加以考虑。这些使用形式交叉着传统语言学的和哲学的范畴。传统语言学的语法和逻辑－哲学的语法间的区别,不仅仅是后

---

① 正如奎因已论证的,从严格的自然主义观点看,"一个表达式的某个语言意义"的观念在这一含义上是无法证明的。"意义理论"所留下的只有通过经验科学的方法对与约定的记法系统关联着的"语言行为"的研究。但是,这一严格的因果研究的结果肯定是假设的、由经验证据不可确定的。

者使用了某些(传统的或现代的)逻辑－哲学的范畴表,而前者使用了传统语言学的范畴表;本质的区别在于,前者将(书写的)表达形式当做根本东西,而后者则把表达式的正常使用形式看做根本的"范畴"。

一些哲学偏见

　　将先验意义理论辩护为语言哲学中解决问题的正确路径或哲学的真正方法,并不是我的目的。相反,通过后期维特根斯坦和海德格尔的工作,我们(应该)知道这些传统上从事哲学的方式属于过去。我的目的是要指出,这些理论所包含的意义研究在许多重要方面具有不同于目前自然主义语言研究的含义——由于自然主义态度的主导地位而已被遗忘的一种含义。关于弗雷格、胡塞尔和前期维特根斯坦的工作,如果我有什么要维护的,那么正是激发他们工作的需要,正是构成他们出发点的对待相对主义和怀疑论的哲学问题的态度。正如我所力图表明的,这些问题在当前自然主义哲学化中的尖锐程度一点也不比它们在十九世纪后期的经验主义、心理主义和历史主义中差;但出于各种原因,与这些问题打交道的需要对于称自己为哲学家的那些人看来却不再急迫,他们都忙于进行理论构造。

　　先验意义理论的失败归根于相互联系的三种传统哲学偏见:(1)作为形式规则系统的逻辑概念;(2)作为某种隐藏东西的"事物的真实本性"的形而上学观念;(3)作为根本的"超级概念"的某些专门哲学概念的基础主义观念。

　　正如已指出的,逻辑的－哲学的研究中感兴趣的语言特征是表达概念关系的特征。弗雷格著作和《逻辑哲学论》的第一个错误是，认为似乎这些概念关系与形式系统的规则、与函项的演算一致。当然，这是作为形式逻辑的传统逻辑概念的延续。① 第二，语言、实在和推理总的来说不向我们显示为一种演算的应用，因为语言显然不是依据一种系统的理论的构造，人们被迫说逻辑的和概念的结构是隐蔽的（或基础性的、或不明晰的）东西。语言的真实本性不得不通过理论说明来展示。我们的语言被看做是规则系统的不清晰的应用，而通过说明变得清晰正是哲学家的任务。第三，如果这样的说明是可能的，那么"隐藏的逻辑结构"就不能太复杂和混乱；它一定是简单而可察知的，它一定由几个简单概念（范畴、原则）组成，其他内容依据它们就可以被界定和推出。这些基本概念的例子是由"命题"、"判断"、"事态"、"证据"、"对象"、"名称"、"含义"、"指称"等语词在专门的哲学使用中所显示的概念。

很显然，传统的逻辑－哲学研究的语言概念和逻辑结构是刻画着那一传统的方法、态度和习俗的投射，可以在同样意义上说，语言的传统概念反映着传统语言学研究的方法和态度。正如在语言学传统中传统的语法结构被看做语言的核心一样，在传统哲学中形式逻辑的结构和概念被看做语言的核心。可是，人类的语言显然不是由这两个传统发明的。实际的语言不是一

---

① 胡塞尔在其《逻辑研究》（经修订的 1913 年第二版第 2 卷第 1 部分第 4 章）中所陈述的先验意义理论依赖传统的语法范畴。他使用了范畴如"名词事项"、"形容词事项"和"命题事项"。但是，对语言学的和哲学的视角的混淆起了重要作用的巴－赫勒尔（Bar–Hillel）在做如下评论时是正确的："我们肯定要问自己，胡塞尔所设定的意义范畴究竟是什么……这些范畴归根到底不是别的，只是胡塞尔时代被当做标准的语法范畴（至少对印欧语言而言）的客观翻版。"见"胡塞尔的纯逻辑语法概念"，载 Y. 巴－赫勒尔《语言的诸方面，关于语言哲学、语言学哲学和语言学方法论的论文和演讲》（阿姆斯特丹：北荷兰，1970 年）。

种构造物或产生于这两个传统的构造物的应用,在其中我们可以某种程度上分清每一传统所做出的贡献。这些传统的语言概念如何与实际语言比较才算公平? 在对语言的观察中我们发现了什么,其中各种特征都可以为自己而不是为语言学理论和逻辑理论的某一立场辩护? 正是为反对逻辑 – 哲学传统的这些偏见,维特根斯坦写道:

> 越是细致地考察实际语言,它同我们的要求之间的冲突就越是尖锐。(逻辑的水晶般的纯粹当然不是研究的结果:它是一种要求。)这种冲突变得不可容忍,这个要求面临落空的危险。①

维特根斯坦看到,正是陈述哲学问题和处理哲学问题的传统方式构成了解决这些问题的主要障碍。他看到,有关如何解决这些问题所具有的传统观念阻碍了对问题的解决;对这些问题的解决应该是什么样子的传统期望和需要甚至是造成这些问题的主要原因。他认识到,问题的困难之处不在于逻辑结构是某种深藏的东西,而是相反,在于其就在我们眼前。对于哲学来说,语言的最重要方面正由于其熟悉和简单而变得隐蔽。困难之处在于识别某些日常事实,在活动中我们都承认它们是逻辑基础,是完全可以解决哲学问题的东西。

我已强调了先验意义理论和目前自然主义语言理论间的区别。如果我们从激发它们的问题以及它们所拥有的目的的角度比较两种工作方式,这一区别便是尖锐的。但是,如果我们从用于显现语言的形式和现象的方法和技巧的角度比较两种理论,会发现它们有

---

① 路德维希·维特根斯坦:《哲学研究》(牛津:巴西尔·布莱克韦尔,1974 年),第107 页。

不少共同点。它们都是理论,说明被每种理论看做主要任务。我们发现一些共同的语言概念,它们是再现语言的方法中潜存的对语言加以断定的结果。语言和逻辑的演算概念,将语言的逻辑结构看做某种潜藏东西的观念,以及对某些哲学概念的基础主义态度,这些不仅是先验理论的而且也是目前许多自然主义理论的典型特征。这些传统哲学偏见甚至是证明自然主义理论为哲学理论的东西。严格的自然主义者当然否认有关语言的"隐藏的真实本性"的观念,以及认为最终的绝对真理向我们隐藏着的传统形而上学偏见的任何形式;而自然主义者由此也否认我们为掌握这种真理而需要某种日常之外的智能知觉(唯心主义)。然而,自然主义者无论如何都在行动并对其理论构造做出哲学断言,似乎毕竟存在着这样的绝对真理,似乎它的本性已表达在所使用的预设、原则和方法中。在这一意义上,自然主义者有着"语言的隐藏的真实本性"、"某东西使语言成其为语言"的概念。

后面紧接着所进行的研究,我将深入考察以不同方式显现在目前一些意义理论中的这一概念的某些细节,而且我将表明,当与我们实际语言的事实相冲突时,它包含着许多原则问题。①

带有"特定结构"的语言

如果我们在讨论意义理论的范围内反思"表达式"、"表达式的形式"和"句子"这些术语的用法,那么意义理论中的语言概念也许

----

① 本部分的其余各节曾发表在我的论文"当前某些意义理论中的语言概念",载《综合》,第 79 期,1989 年,第 51—98 页。那些内容通过修改放在这里。

可以最明确地显示出来。在对问题"意义理论应采取什么形式?"的公式化和讨论中使用这些词语时存在着明确的一致性,而这些词语的这一用法对下列问题提供了某些明确但未表达的答案,即"一个表达式是什么"、"表达式的形式是什么"和"句子是什么"。

意义理论的文献中反复出现的一个观念是对构成性的要求:对一个复合句子的意义的说明或描述应该根据其构成部分所具有的意义和这些成分在复合句子中构成的方式来决定。为了阐释理解一种语言的人们能够理解对他们来说全新的无限多句子这一事实,该要求被看做是必须的。为了使构成性的要求对日常语言有意义,必须存在一种确定的方式,其中一个句子由若干部分构成,正如在化学中存在确定的方式一样,即其中一个分子由若干原子组成。我们应该说能够识别"原子语句",即不是由其他句子构成的语句:这意味着,有关句子形式的一般概念是预设的,其根据在于每个句子都有一个特定结构,对句子形式的描述不涉及任何东西,可以说不超出作为表达式的句子。尤其是,它肯定不涉及句子在任何一种用法中的内容。人们或许会说,日常语言的句子像它们所表现的那样有这一结构,它就是我们匆匆一瞥就能读出的东西。可是,应该说存在着对一种语言的句子进行释义和形式化的一般方法,句子的意义所依赖的结构由此可以搞清楚。有些人甚至这样来表达,似乎句子的这一结构作为形式规则的系统存在,作为"生成"我们语言的句子的"形成句子的操作"系统存在。通过重建这一规则系统,就可以给出所研究的语言的形式化,它将展示对其意义至关重要的句子的全部特征,不是对该语言的某一特定用法,而是对该语言整体。

我们有这样一种句子形式的一般概念吗? 我们有这一意义上

句子形式化的一般框架吗？在这一联结中哲学上更为重要的是下面的问题：我们这里是在展示我们所要的东西吗？句子形式的这样一种一般概念有含义吗？我们实际语言的句子的形式和内容是否原则上有可能以这种方式相互联系？关于语言有许多事实表明，这一观念与现实毫不沾边，语言并不受形式规则系统的支配。例如，人们曾在句子的"表层结构"中观察过歧义性，观察过语境依赖，观察过语言和语言习惯以前所未有的方式变化的方式，这些不仅涉及词汇而且涉及"语法系统"。甚至可以一般地指出，人们通常并不以语法上正确的方式说话，但他们常常能非常成功地被人理解。什么时候认为句子的明确表达对意义理论的预设非常重要呢？回答是，这是看待我们语言的一种概念的结果，该概念属于再现的形式方法。这一观念基于把语言最终当做一种形式系统如谓词演算的看法，尽管被认为要复杂得多。将语言总体上看做演算，在某些有限的科学技术的语言研究范围内也许是正常的、可接受的态度，比如在"自然语言加工"的某一形式中，在那里解决专门问题的成功可以证明这一点，但是这对于旨在进行语言哲学研究来说则很难成功。

（一定程度上扩展了的）谓词演算的形式方法被许多意义理论家看做是搞清楚决定句子意义的句子结构的恰当方法。通过"量化理论中的严格规整"（用奎因的说法），每个句子都可以提供这样的独特结构。这也许是意义理论中大多数作者的态度。例如，在伊万斯（Evans）和麦克道威尔（McDowell）主编的《真与意义》①中大多数作者似乎就持这一态度。这显然是戴维森的观点（紧随奎因）。对大多数人来说，这一点如此自明以至于他们认为似乎已经获得了这

---

① G. 伊万斯和 J. 麦克道威尔主编：《真与意义：语义学论文集》（牛津：克兰伦敦出版社，1976 年）。

一"严格规整"。于是,在讨论英语片段的意义理论时,人们谈论真值函项"和"、"或"、"非"以及量词"对全部的……"和"存在着……",似乎这是这些英语术语的标准含义而不只是其特定用法。这似乎也是达米特的观点,证据是他在许多文章中以这样的方式谈论句子的构成和成分;在回应达克·普拉维茨(Dag Prawitz)在 B. M. 泰勒所主编论文集中的稿件的观点[1]时,他明确指出[2]:"当回忆时发现,将语言严格规整为量化形式早已预设为有效方式。"

也许有些人(当问两次时)采用更谦虚的观点,认为通过谓词演算,我们可以处理自然语言的重要片段。也许还有人再增加点,认为通过扩展形式逻辑方法,为自然语言形式上的严格规整建立一般框架,是有前景的事儿。似乎我们的困难只是专门性的! 也许还会有更为谦虚的观点。可以说,对现实中自然语言句子的形式上严格规整我们永远达不到一般框架,但这样的框架至少原则上可设想,因而努力尝试是有意义的。这些不同态度所共同具有的是把语言看做词和句子的演算的一般概念。正是以将语言看做像形式系统一样构造起来的图景为基础,形式上严格规整的这类方法才"是原则上可设想的"。

有时这是清楚表达的主张。例如,蒙塔古[3]认为,我们的自然语言是像谓词演算那样的形式系统,但要比形式系统复杂得多。在评

[1] 达克·普拉维茨:"达米特论意义理论以及它对逻辑的影响",载 B. M. 泰勒(Taylor)主编《迈克尔·达米特对哲学的贡献》(多德雷赫特:马提那·尼豪夫出版社,1987年),第117—165页。
[2] 迈克尔·达米特:"答复达克·普拉维茨",载 B. M. 泰勒主编《迈克尔·达米特对哲学的贡献》,第282页。
[3] R. 蒙塔古:"普遍语法",载《理论》,第36期,1970年,第373—398页。

论某些哲学家在将自然语言当做形式系统上的保守态度时,戴维森①指出:"但是,得出结论说存在着两种语言,自然语言和人工语言,肯定是错误的。"

这些观点也许有些极端。但是,有一点必须清楚:用于讨论意义理论(以及在形式语义学和形式语法中)的"语言"概念是塔尔斯基②所谓的带有特定结构的语言。在塔尔斯基看来,这样的"语言"实质上必须满足三个条件:

(1)必须有对"被认定为有意义的"表达式的无歧义的具体说明;

(2)必须有"在一组表达式范围内区分我们所谓'句子'的东西的标准";

(3)"我们必须列出语言的一个句子可以在其下被断定的条件"。

塔尔斯基认为,一种"形式化的语言"是带有特定结构的语言的特定例子,这意味着有更一般的概念;正是对于带有特定结构的语言,塔尔斯基的"真理的语义学定义"才获得了确切的意义。

我认为,对于所讨论的各种意义理论来说,这也同样是对的。它们只应用于带有特定结构的语言,或者至少应用于可以以这种方式被再现或"规整化"的语言。同时,这些意义理论还力图应用于我们的自然语言(的片段)。所以,在这种语言哲学范围内,人们的确共享着与塔尔斯基相似的东西,即他"希望在科学讨论中,带有特定

① D.戴维森:"自然语言的语义学",载 D.戴维森《对真理与解释的探究》(伦敦:克兰伦敦出版社,1984 年),第 59 页。

② A.塔尔斯基:"真理的语义学概念",载《哲学与现象学研究》,第 4 期,第 346 页。

结构的语言可以代替日常语言"。①

如果我们无视专门细节上的差异，那么显然，不仅是戴维森的意义理论，而且达米特、普拉维茨和马丁－洛夫的意义理论，都落入塔尔斯基的语义学传统，一定意义上他们都预设了作为"带有特定结构的语言"（或至少"带有原则上可具体说明的结构"）的一般语言概念。但是，这些现代意义理论家们要比塔尔斯基走得更远，后者明确地否定有关日常语言的系统的语义理论的可能性。②

马丁－洛夫为演算表达式或形式系统给出意义的说明，即提出直觉主义的类型理论。他的说明并不直接应用于我们所谓的形式数学语言的表达式和句子，我们可在大多数数学教科书中发现这种语言，而从事数学的大多数数学家和其他人也在实际使用。他的说明在有关我们"日常数学语言"之命题的直觉主义类型理论范围内应用于某些形式化和再现物。但是，该理论是作为先验意义理论提出的。形式化是研究日常数学概念的意义的一部分，对其意义来说本质性的是要搞清楚表达式的特征。这样，该理论旨在为我们的日常数学语言（的很大部分）提供概念的和逻辑的基础，因此它包含着这样的主张，即我们的日常数学语言（的这一部分）是一种带有可特化结构的语言；在直觉主义类型理论中对其形式化所实际要做的就是具体说明这一结构。

---

①　A.塔尔斯基："真理的语义学概念"，载《哲学与现象学研究》，第4期，第347页。

②　塔尔斯基解释说："不管困难有多大，谁要是想借助精确方法去探究口头语言的语义学，首先就被迫承担改革这一语言的徒劳任务。他将发现必须界定其结构，克服其中出现的术语的歧义性，最后将该语言分割为一系列范围越来越大的语言，每一部分以同样的联系支持下一部分，每一部分中形式化的语言支撑着元语言。然而，以这种方式被'合理化'之后，可以怀疑日常生活的语言是否仍保持其自然性，它是否仍不采用形式化的语言的典型特征。"（A.塔尔斯基："形式化语言中的真理概念"，载《逻辑、语义学与元数学》，伦敦：克兰伦敦出版社，1956年，第152—278页。）

LANGUAGE
AND
PHILOSOPHICAL
PROBLEMS

将"自然语言"当做形式系统的观点还以其他方式显示在意义理论中。如果观察一下想发展这类理论的各种意图，我们就总体上发现，正是涉及逻辑常项的方面得到最为具体的发展。如果现在向某些意义理论家指出这一事实，我估计他们多少会以下面方式做出反应："对形式语言如谓词演算给出一种意义理论，是对更复杂的语言如自然语言片段给出这类理论的重要一步。如果我们不能做到前者，我们如何能有希望做到后者？"但是，这里人们可以追问，形式语言如谓词演算的意义理论为什么应该有助于，甚或作为其中一部分，说明自然语言的运行情况？后者或许是完全不同的东西。（在我看来，在讨论意义理论应采取什么形式时，这会是很好的问题。）

下列情况有某种相似性：假定某人说，因为我们从物理学中看到了关于现象的令人满意的理论必须采取的形式，所以那些理论对阐释人类心灵的心理现象提供了基本步骤。这大概曾是某些唯物论者和行为主义者进行思考的方式。我们当然要说，所要阐释的心理现象是完全不同的东西，物理学方法对此甚至是误入歧途的。

现代所谓人工智能研究也面临着同样的处境。有些人认为，人工智能中发展的问题求解和决策的形式理论也可能有助于理解人类的智能，就是说，可以将它们扩展到人类决策和问题求解的"更复杂的"现象。然而，这很可能证明它们在否定的意义上更有助益，即它们向我们表明人类智能的确不是这样的东西。

意义理论中的预设是，自然语言某种程度上是谓词演算的复杂扩展，或者后者显示了自然语言的基本结构。人们可能同意，从推理中使用"和"、"或"、"对全部"等语词的某些方面看，谓词演算的确描述了常常出现在日常语言中的形式结构。但是，为什么它就是基本的或根本的结构呢？回答是，这是在语言哲学的某些传统范围内做出的假设（或教条）。

句子的形式与内容

请注意,我不是说所提到的不同作者在有关语言本性上共享某一共同见解。在意义理论的讨论中存在着相互冲突的看法,这是明显的。另一方面,又存在着各种观点和看法在其中成形和讨论的一个共同概念框架,这正是我的目前研究所关心的。我并不是讨论关于语言本性的各种看法的一致性,而是讨论在使用语言学理论的某些概念和术语上的一致性——基于共同的语言图像而使用术语时的一致性。这一图像或许在使用术语"表达式"、"表达式的形式"和"句子"(意义说明和真值谓项要应用的"句子")时表现得最为明显;这一图像的最典型特征是,它总体上将语言展示为拥有一种结构,该结构依据不涉及表达式的意义或用法的一些概念就可以被具体说明。

在达米特看来,意义理论就是理解理论。理解语言的表达式就在于拥有使用该表达式的某一"实际能力"。如果该理论将这一实际能力具体化到每个词,那它就可称为原子主义的理论。如果将这一实际能力具体化到每一句子,那它就可以说是分子式的理论。遵照弗雷格对含义和力量间的区分,照理说句子的意义(其含义)就不包含其用法的所有特征。它不包含表达句子力量的特征(就是说,不管是否用于表达断言、命令和问题等)。含义就在于一个中心特征,句子用法的其他特征可以始终以此为基础推出。依赖用于具体说明句子的中心特征的概念选择,将有不同类型的意义理论。达米特和普拉维茨倾向于以句子的证实概念为"中心概念"的分子理论,而不是基于句子的真值条件概念的理论。这两种情况都承载着分子性原则,即认为作为表达式的句子是"意义的承担者":对任何句子来说,都存在着作为该句子某个意义(含义或个别内容)的东西,不管该句子出现的背景如何,不管该句子的使用环境如何。在不同的使用中这一意义是同一东西;它被设定为概念上先于句子在不同使用中可能具有的各种重要性的东西。

　　照这种情况,分子性原则显然干脆无法应用于日常语言中我们称为句子的东西,因为这些句子以各种方式常常处在歧义中。例如,试分析句子"我有离开的计划"。它至少有两种不同的解读。它可能意味着我在考虑离开。但它也可能被理解为我已准备好并写下一些计划,我想把它们交给某人。按照第一种解读,句子对处于一定情境中的某人来说可能是真的,而按照第二种解读则是假的(或者相反)。无视一种意义理论的中心概念是否为真或得到证实,分子性原则照此说来就无法应用于这一句子。

　　为了让分子性原则可应用于日常语言,日常语言的句子就必须以这样的方式得到清楚阐释或释义,即这种或别种歧义性将被去掉或搞清楚。达米特和普拉维茨在讨论发展日常语言的意义理论中的原则问题时,显然假定了所研究的语言已准备好应用分子性原则。然而,这一假定包含什么呢? 它只是细节问题、专门问题而不属于给出意义理论时的原则问题吗?

　　可以说,分子性原则意指的不是有关我们普通语言的日常概念的一种一般的、经验的事实,而是一种其证明在于其获得成功的方法论原则,它以此为基础成为一种意义的融贯理论。这意味着,该原则是对有关句子新的、更精确的概念的表达——在经典力学的原则曾表达了有关物质粒子的新的、更精确的概念的同一方式上。对于这一新含义的句子来说,决定其意义的句子结构已被识别和搞清楚,歧义性已被消除等等。有人或许愿意称此为"句子的理想化的概念"。但是,我们有这样的担心:句子的这一理想化概念将如何应用于日常语言? 主要问题毕竟指的是我们日常语言(包括我们的日常科学语言)的表达式如何具有意义。句子的这一理想化的概念如何关联着我们实际语言中称为句子并以各种方式处在歧义中的东西? 回答是这样的:该概念旨在通过预设的方法,对日常句子进行释义或形式化,使其成为分子性原则可应用的形式,然后应用于日常语言。可见,这种方法包括解决句子的各种歧义性的一般的和系统的技巧,而这里我们有了原则问题。能有这样一种系统的方法吗? 依据我们语言的什么概念,关于这样一种方法的观念才有意义? 显然这一概念在自然主义的形式化概念(或句法分析)中有其根基,按照这一概念,存在着预想的、系统的方法用于搞清决定句子内容(或真值)的句子结构。该方法是在这样的含义上"预想的",即它不是适用于和依赖于一定环境中句子的特定用法,而是自始至终要应用于不同种类的用法。然而,这是带有可具体说明的结构的语言观念,可以说,它来自语言外部,即与表达式的意义和使用形式没有关系。

　　甚至模态理论语义学的祖师爷塔尔斯基都似乎觉得这样的语言观念无法应用于日常语言。但是,它也无法应用于日常科学语言,它只能应用于作为表达形式系统被构造的"语言",即应用于非自然的或人工的语言。然而,这是"语言"一词的不同含义;它是作为词和表达式的演算的语言概念,其作为演算的结构在被应用之前、在"通过解释与独立的实在联结"之前就已完成。塔尔斯基、卡尔纳普和其他人 1930 年代引入的句法和语义学概念就奠基于这一语言概念以及语言与现实的联结概念。可是,人们在交流中(在日常话语以及科学中)所使用的实际语言却不是这样的。实际语言中句子的形式和内容并不是在使用该句子的条件之外的某种框架内具体说明的。只有亲知或熟悉这些条件，才有可能识别句子的意义和对句子来说本质性的结构。如果我们反思歧义性如何被识别和解决，这一点也许最为明显。为了识别句子"我有离开的计划"的歧义性，显然有必要熟悉我们所谓的"离开某处"和"给某人留东西"，以及熟悉这些人类实践间的差异。有必要熟悉当某人将要离开而不是将要留给他人东西时像什么或看起来像什么。这样，使用一个句子的条件可能包括有关人类实践以及有关我们所居住的世界的事实。即使我们忽视涉及概念问题、语言的大多数说话者一点不能识别或解决的歧义性，把我们自己局限于语言学家所谓的"语义的歧义性"，显然对于识别甚至能解决这些问题的某人来说，对意义和用法的考虑也是必要的；这反过来也预设了对人类实践和我们居住的世界的某些事实的熟悉。基于分子性原则的意义理论并不比形式化方法和解决歧义性的方法更为系统。这并不足以使歧义性在每一个别情况中得到解决；必须有一贯的、系统的解决歧义性的方式。但是，这意味着，解决歧义性的方法必须基于对语言的句子如何有意义的系统阐释（即意义理论），后者反过来必须包括对人类实践和环境的系统阐释。如果我们接受达米特关于一种意义理论旨在回答什么问题的哲学主张，我们就必须承认如下的观念是有意义的，即认为这样一种系统的阐释可以是完整有意义的。然而这一观念要能有意义，仅当人类语言和人类现实包含着一种系统理论的（"不清晰的"）应用时。但是，若说情况本应如此，则不仅犯了错误，而且包含着一种迷信。

　　这里如果说我们关于语言所具有的知识与关于世界的知识不可分离，那是在诱惑我们表达主要的困难。但是，如果认为这是要表明，这一"关于世界的知识"是可以在"知识再现的系统"中再现的东西，以此为基础解决歧义性的系统方法最终就可以获得发展，那么"知识"一词的这一使用是错误的。这对于发展"自然语言加工"的战略、对于解决特定的专门问题也许是好的想法,但作为我们的语言如何工作的图像却是令人误解的,因为我要指出的概念问题只会被转移到用于构造再现物的语言。有关世界的事实是我们使用语言表达式的条件的一部分,这一点不是作为知识的对象,而是作为我们生活形式的典型环境。

正确使用一个简单的日常用语如"早上好"的条件是什么?想象来自"另一世界"的造物间的对话,其中说道:"在人类居住的世界上,有他们称为'时间'的东西,还有时间的部分,称为'白天'、'晚上'和'周'。他们也谈论各种事物的'开始'。正确使用表达式'早上好'的一个条件是在一天开始时的问候。""但什么东西是一天?'一天的开始'像什么?"对正确使用表达式"早上好"的条件,给不像一个那样熟悉这些人类条件的某人以完整的阐释,如同关于世界和人类行为的可再现的事实知识那样,将会是什么样呢?显然,熟悉这样一些条件是我们语言的一部分。① 没有这些条件,语言就将消失。当你将这些条件误认为可再现的知识,似乎我们对语言的日常使用是意义理论的不明确应用时,例如小孩们如何能够学会如同正确使用"早上好!"的条件那样"极为复杂的东西",就变得神秘了。似乎小孩进入世界,开始形成关于世界和关于我们的语言如何联系世界的假设。

试分析句子"冰箱里有水",这一句子的那个"含义"或"个别意

---

① 一些人喜欢称这一熟悉为"默会知识",热衷于谈论它,似乎我们必须与一种新的、科学和哲学迄今不可想象的(或至少被忽视的)知识种类建立联系,它是非理论的和不可再现的,但它是人们无论如何要参与界定、说明和证明的一种知识。术语"默会知识"是专门的哲学术语,它在反对实证主义和机械主义观点的哲学战争中的作用太富于色彩而变得无用。

义"是什么？是否有某一"客观实在"的特征,使这一句子仅仅作为句法上的句子而有真假？是否无视使用该句子的特定环境和目的,仍存在着证实或证伪它的某一"公认的"方式？想象下列情境:

> 一个朋友走进厨房,A 和 B 两人坐在那儿,他问道,"冰箱里是否有水?"A 回答"有",B 回答"没有"。该朋友往冰箱里看并说道,"我没看到水。"A 马上说,"在各种蔬菜的细胞里。"

这一例子的要害①是,答案(或论断"冰箱里有水"的真值)的正确性不能根据关于水的某一客观现实或根据证实的某一"公认的"方法来判定,该证实方法独立于环境、独立于对有关背景、目的和所涉及的人们的期待的理解。在不同的环境中,反对的答案可能算作正确答案:

> 该朋友说,"我想储藏些要求远离水的化学品。"A 回答,"让化学品离冰箱远些,那里有很多水——在各种蔬菜的细胞里。"

显然,我们这里要与该句子(概念上)不同的使用形式打交道。有人能理解这一句子的日常用法,但不是与蔬菜细胞联结着的更专门的用法。这例子也没什么特殊的东西,也可以制造这一句子的其他环境,其中该句子的"真值"不同了,就是说,其中使用该句子的条件已不同于所描述的两种情境的条件。可以假定不同情境间存在着相似性,但是否必须存在着使用该句子的某一"中心特征",该句子不同断定的重要性可以由此得出——除了使用词的同一序列这一事实?在我看来,倾向于回答"是"的人太少考虑具体的语言情

---

① 这例子来源于 T. 威诺格拉德(T. Winograd):"实在论实在吗?——对约翰·佩里讨论会的答复",载《CSLI 月刊》,第 2 卷,第 5 期,1987 年。

境。在分子性原则的基础上,人们似乎被迫发明这样的中心特征,或者假设该句子的不同用法已经在句法上区分开来——似乎这一简单句子的不同使用形式也能以某种方式被考察和列举,或能以一种系统方式被描述。

有人或许以下列观点为依据反对我对意义理论家的预设的批判,即没人曾主张形式化或释义句子的过程只是惯用技巧的应用,没人曾主张要对语言做准备以便于可以实现分子性原则的应用,而无需考虑句子的意义和用法。倒不如说句法的和语义的研究不能以这种方式分开,它们是相互依赖的,在任何解释中句法的和语义的分析间都存在着循环互动。但是,我所谈论的不是发展意义理论时的实际工作过程,而是人们所从事的事情与所想达到的最终结果间的关联。即使存在着对句子的意义和用法的考虑,可以说趋向于确定决定着句子含义的句法结构,这一结构可以最终在形式上得到具体说明,也是理所当然的。正如应该存在着一种含义、一种个别意义,句子作为句子有这含义,它在其不同用法形式中保持同一,同样应该存在着该句子的结构,它决定着这一含义并独立于任何特定用法而可以具体说明,就是说,它只涉及作为句法范畴的表达式的句子。如果句子的这一含义(与力量相对)概念——像达米特所意味的——是任何系统的意义理论的前提条件,那么决定着这一含义的句子的形式上可具体说明的结构也是前提条件。然而,这一前提条件只能针对被建构的语言,或者针对作为演算的“被重建的”语言,在那里对表达形式和操作表达形式的规则的具体说明在演算的应用之前已完成。① 规则可以在演算中这样完成是一种要求;演算

---

① 尽管对应用和解释的考虑可能已充分包含于发明或构造演算的过程。参见作为纯形式演算的谓词演算,像我们目前所拥有的那样,以及过去构造和形式化谓词演算过程中的考虑。

的规则只涉及表达式的形式,无视可能的应用或意向的解释,这正是演算的本质。除非这一点已达到,否则演算就不算完成。但是,我们实际语言的规则却不是这一含义上的规则,因为对人类现实的某些条件和环境的熟悉构成这些规则的一部分,正如在正确使用表达式"早上好!"时熟悉规则的情况那样。在某一用法中为本质性的表达式的结构,只能以这样的方式被表达和理解,即它预设着得到这一用法的条件。可以说,这正是对实际语言的表达式的形式和意义的说明之所以"陷入循环"的原因。

在当前的意义理论中,人们力图将不是演算的东西重建为演算,相信"自然语言"只在表面上是自然的。构造理论的这一策略或许对实用的或专门的目的有用,因为理论构造的这一策略已经有益于自然科学,但对于说明"使语言成为语言意味着什么"的哲学目的来说,这一方案只能通过其失败来证明其成功,就是说,通过遭遇困难来说明人类语言不是什么。

字面意义概念

或许有人认为我这里所支持的是某种"意义的语用概念",但这肯定是误解。我并不提倡有关语言的任何理论。宁可说我在质疑当前许多意义理论的某些共同预设,尤其是在语言的语义和语用方面间预设的区分,或者用达米特的术语说,在句子用法的中心特征和其他特征间的区分。做出这一区分的基础是什么? 是否基于有关实际语言的事实? 当然不是,做出这一区分的动机是方法论的;它属于"意义理论应具有什么形式"的需要。在这一点上,达米特几乎是清晰的。他主张,(用普拉维茨的话说)"特定话语的重要性只由该话语的力量以及……所使用的句子的个别内容或意义……决定，这是构造系统的意义理论的任何合理希望的前提条件……"。①

诱发在句子的"个别意义"和其用法的其他方面（它们在对话中来源于或添加到句子的个别意义）间做出这些区分的，是将语言看做表达式的形式系统、与表达式的使用形式相分离的图像。正是在这一图像中，正如人们看到的，句子是拥有句法形式和字面意义的"纯粹的语言实体"。正是这一图像构成了一种语言中句法学、语义学和语用学间区分的基础。纯粹语言装置意义上的语言意味着在语言使用的语用阐释之前，完全可以由句法学和语义学阐释。有关句法的、语义的和语用的方面间的边界究竟在哪里和如何区分，也许存在着不一致性，但除了这一细节上的不一致性外，这一语言图像处在现代语言理论所做的大多数工作的根基，正如许多专门的概念和方法的合成和使用所表明的。所以，对一个语言学家或意义理论家来说，要将这一语言图像看做由于与实际语言的事实冲突而可以质疑的一个图像，可能是很困难的，因为在他们面对这一图像的态度中，包含着某些一般的和根本的"关于语言的真理"，这些构成他们探究（和职业上骄傲）的基础。

一种语言的表达式和句子被设想为仅仅作为表达式，那么其"字面意义"（或"个别意义"或"信息内容"）是什么？按照这一图像，句子的某个意义被设想为独立于该句子的使用环境而且意指不同使用形式中的同一东西，这样的概念是什么？例如，句子"冰箱里有水"所具有而语词序列（假定为）"里水有冰箱"却没有的字面意义是什么？该句子有一个惯用的读法，而后一语词序列却没有。当一个句子被孤立于其使用形式时，所留下的是其读法。认为句子作

---

① 普拉维茨："达米特论意义理论"，第128页。

为"纯粹的语言实体"应该具有字面意义,这一观念来源于它们有一种读法(或者当句子有"歧义"时,有多种读法)这一事实。然而,只是根据一股人群在一定时间地点中现有的、约定的阅读方式,一个句子才有一种读法。读法发生变化,会产生新的读法,有时会以前所未有的极度复杂的方式变化。一些读法更流行和普遍,另一些则更特殊。一些读法显现于语言使用的自然方式,另一些则是深思熟虑地提出的。作为典型,语言学理论和语言哲学内产生的读法就是在理论的基础上提出的,而不是为了交流的目的提出的。

　　句子有一定的读法,这意味着——用哲学行话说,一股人群的成员间在历史境遇中有识别那一读法的倾向。但是,作为这种经验的和历史的现象的句子读法显然不是语义学或意义理论所打算做的主题。① 这些学科旨在涉及比那些记录和分类各种语言共同体在不同时代出现的句子读法更需要技巧的东西。它们力图达到这些语言现象的"基本规律"——似乎存在语言的某些种类的自然规律。它们首先关心的是研究句子的"字面的或首要的意义"或者"个体的或命题的内容"。这一命题内容力图在句子的读法中得以显现,该读法表达作为"纯语言机制"的句子"通过自身"所断定的东西(所表达的"命题"),不管某人在特定情境中可能怎样用于交流。似乎存在着语言句子的某种先验的、公认的或标准的读法(或许可由"理想的说话者"识别),它某种意义上可由纯粹的语言机制而不是语言的使用者决定。但是,不存在这样的事儿。在当前的意义理论中,为了释义句子,这一"公认的读法"由所强加的方法决定,这一

---

① 也许戴维森的理论,以及某些语言学的语义学理论是例外,后者比如有 J. J. 卡茨(Katz)和 J. A. 福多(Fodor)提出的理论,见"语义学理论的结构",载《语言》,第 38 卷,1962 年,第 170—210 页。

方法以传统语法和现代形式逻辑的释义技术为基础。[①]

当我们学习阅读和写作时,我们学习句子,我们学习它们的读法。初等教育在这些实践中总的来说一直以传统语法为基础。语法例子和释义得到训练,并呈现为阅读句子的规范,而这一语法阅读也构成许多语言学理论的基础,尽管它已受到形式逻辑、受到由形式逻辑的释义规则和方法所决定的解读的影响和提炼。

构造形式语法或形式逻辑系统的一个重要部分是发明一种释义日常语言某一部分的句子和表达式的方法,这一方法的规则由此被看做实际语言的规范(被释义的句子的读法被看做表达其"字面的"或"首要的"意义)。对待这些规则的态度似乎是认为,它们就是规范,这一态度被看做是把所发明的系统称为"语法"或"逻辑"的主要证明,带有这些术语传统上所具有的记法。这一语法或逻辑概念当然意味着,人们拥有语言的实际用法的概念,而该语言是形式规则系统的(不明晰的)应用。[②]

这一概念显然处于下列虚假观念(例如在乔姆斯基传统范围内主张的观念)的根基,即我们具有决定句子语法系统的自然的、直觉

---

① 于是,伯兹勒(Beardsley)说道,"每一宣称的句子根据其语法形式都有一个首要意义:它展示着可断定为真假的这样一类意义的复杂性。总之,它是一个陈述。"(M. C. 伯兹勒:《美学,批判哲学中的问题》,印第安纳波利斯:哈吉特,1981年,第122页。)

② 这很可能是维特根斯坦所思考的东西,他说过:"通过将我们日常语言形式表面上解释为对事实结构的分析,'数理逻辑'已完整决定数学家和哲学家的思考。当然,它对此也只能继续在亚里士多德逻辑基础上建造。"(《关于数学基础的评论》,第2版,牛津:巴西尔·布莱克韦尔,1989年,第300页。)

的能力。① 按照乔姆斯基所引入的语法解读,句子"无颜的绿色观念喧闹地睡着"是语法上正确的,但乔姆斯基错误地坚持认为,任何说英语的人都能决定这一点。大多数说英语的人不知道乔姆斯基的语法概念,他们不知道如何决定这样的问题。他们甚至可能一点也不熟悉将句子看做语言研究对象的实践,正如只在应用物理学理论的范围内才有意义地询问某一日常物理对象的分子结构。乔姆斯基的主张是力图说服我们的一种方式,他认为自己的形式语法规则总的来说在我们日常语言使用中默默地起着作用,就是说,日常语言是一种形式规则系统的应用。

按照对日常语言的谓词演算解读,例如,在房子里所有人事实上都在抽烟的情况中说"这房子里有人在抽烟",肯定是对的。在该句子的正常使用中,它指的是屋里有人没抽烟;但根据当前某些语言学理论,这只是该句子建议的东西。它被看做要由语用规则阐释的该陈述的"语用"特征。这里重要之处是,只是该陈述"建议"的东西这一观念是对照了该陈述"字面上表达"的东西才引入的;后者在本情况中是由强加的对该陈述的谓词演算解读决定的。

同样的看法也适用于其他"语用概念",如"预设"、"背景假设"、"言语行为约定"、"对话暗意"。在语言用法的语用阐释中,这些概念都在假设的字面意义上起作用,这一字面意义据说是由仅仅作为表达式的词和句子决定的,但实际上是由目前语言学理论范围内阐释的解读决定的。于是,语用学并非把语言当做"纯语言机制"的

---

① 卡兹和福多指出:"语法力图孤立于其可能的含义而在语言话语(书面或口头)或非语言语境(社会的或物理的)中描述句子的结构。允许语法学家脱离句子已经出现或可能出现的环境去研究句子的证明仅仅是,流利的说话者无需求助于有关环境的信息就可以构造和识别句法上完整的句子。"(J. J. 卡兹和 J. A. 福多:"语义理论的结构",载《语言》,第 39 卷,1963 年。)

观点所设定的东西,即把语言完全看做先于其使用的东西。相反,语用学是基于这一观点;其任务是实现这一观点,增加到纯语言机制上,以便关照这一观点与我们实际语言使用最明显冲突的情况。

一种语言的语义的和语用的特征间的分界线是将句子释义为阅读文本的技术,该阅读文本表达着句子的"语义内容"。[①] 这一分界线有时前移。当新的、更精致的释义和形式化技术被发明出来时,某些语用特征就可以看做属于语义学,从而属于纯语言机制。但是,减少语用学范围的这一过程永远也无法完结。只要一种语言被看做是孤立于表达式的现有使用形式的机制,阐释该机制与实际语言冲突的那些情况就总是必要的。

关于语言的语用阐释概念上最令人误解之处是其主张,即认为某些语用规则和原则应该构成我们语言用法的基础,这些原则因而比它们要说明的现有用法形式处于优先地位。[②] 语用学家所没有认识到的是,只有依赖他们想说明的现有使用形式的背景,他们的原则和说明才是有意义的。他们将概念秩序搞颠倒了。

例如,试分析语用概念"可删除的蕴涵"。[③] 句子"汤姆有十本书"在这样正常使用时是真的,即汤姆恰好有十本书。语用学家并不描述这一正常使用,而是从该句子的"字面意义"开始描述,根据

---

① 在 G. P. 贝克尔和 P. M. S. 汉克尔的《语言:含义和无含义》(牛津:巴西尔·布莱克韦尔,1984 年)中,对含义/力量的区分以及相关的区分如何建立在释义句子的方法基础上做了详细的阐释。

② 帕尔·塞格达尔在《对语用学逻辑程序的批判》(阿普萨拉:阿普萨拉大学语言学系,1988 年)中详细解决了这些问题。本部分的很多内容归功于塞格达尔的工作。

③ 斯蒂芬·C. 莱文森(Stephen C. Levinson):《语用学》(剑桥:剑桥大学出版社,1983 年,第 114 页)。"蕴涵"(implicature)意指一种推理,它不同于逻辑推理,不仅基于句子的"语义内容",而且基于"有关日常口语表达式的合作性质的某些特定假设"。

字面意义,当汤姆有十本或更多的书时,句子是真的。该句子的正常用法从而被解说为,除了这一字面意义,还包括蕴涵"汤姆有十本书且不多于十本书"。然而,也存在这样的情况,当句子"汤姆有十本书"被不同地使用时,例如在像"汤姆有十本书,或许甚至十二本"的陈述中,这显然是不同于正常用法的用法,因为它与"蕴涵"矛盾着。但是,语用学家没有认识到这已经是另一不同的用法,却力图获得它并将其说明为"可删除的蕴涵"机制的一种情况。通过原句上增加"或许甚至十二本",蕴涵被删除了。可是,显然,对于不熟悉这两种现存的不同用法的人来说,这一解说不能说明任何事儿,也将没有意义。只有对熟悉区分这些用法的某种环境、熟悉不同用法中句子的证实方法等等的人来说,语用的说明才有意义。"可删除的蕴涵"概念只是通过当前理论构造的某些方法来显现语言的某些形式特征的语用方式。它不说明我们在对话中使用语言"真正发生的东西",也不说明某些使用形式的可能性。相反,正是实际语言中不同使用形式的存在才使再现成为可能并有意义。

通过使用蕴涵理论,很有可能对上面讨论的句子"冰箱里有水"的两种不同含义给出阐释。但是,这样一种阐释要能同样有含义并成为可接受或不可接受的再现,是仅当该句子的不同含义被设定为实际语言中的不同使用形式时。该句子的两种用法是不同的,因为某人即使不知道其更专门的用法,也能知道其更平常的用法。他必须学会使用后一用法,作为使用该句子的新的实践。语用阐释并不表明,存在着该句子平常的"个别含义",两种用法通过语用规则可以由此推出。这正是"理想化的"模式,语用再现据此被构造出来。它不曾描述实际语言游戏在其中进行的方式。也不存在根据"更根本的"东西对实际语言表达式的现有使用形式的说明:它们就是根本的东西。

表达形式的不确定性

我对分子性原则中所包含的预设的批判似乎不适用于奎因和戴维森的整体主义意义理论，分子性在这里受到反对。正如已经指出的，有歧义的表达式据说在戴维森的探究中也没问题。在戴维森看来，只要歧义性不影响语法形式，就可以翻译为元语言；通过外延路径，出现的歧义性表达式不会影响真理条件的正确性。为了使理论获得成功，我们不是第一次不得不解决歧义性了。

我已指出的有关歧义性表达式的问题，并不更多地涉及它们在发展某种形式探究时引起的困难，但涉及将已获得的理论构造应用于实际语言时的困难。分子性原则的主要困难之一是它所预设的句子的"理想化"概念，以及如何将这一概念应用于我们实际语言句子的问题。实际语言的句子如何得以识别呢？正是在这一用语中，所有种类的歧义性的存在都包含着要给"自然语言的系统的意义理论"提供原则的问题。但是，意义理论家像哲学家那样总是很少关心这一步，认为这只是细节问题，而他们关心的是一些先验图式的例子。这是严重的错误，因为这一术语是戴维森意义理论也是其他意义理论的关键点。

那么，戴维森的句子概念是什么？有时他认为似乎自己关心日常的句子概念，我们通过对所称为句子的东西给出典型例子而会向某人说明的概念。在别的场合，他又将句子看做"句法对象"，由形式规则生成的具体表达式的序列。但这当然是专门概念，它如何能被应用于人们说和写的句子？当一个人说一个句子，比如说作为对他正在做的事情的回答时，他是在根据某些规则制造一个表达式序列吗？总的来说，不是。要把他的话语描述为句法规则的（隐含的）应用就是在提出一种解释；它包含对句法再现方法的应用。这是隐藏原则问题的关键一步。在说话时，口音和语调的某些特征对某人想说的话来说可能是本质性的。例如，我们的确以这样的方式在上面所讨论的句子"我有离开的计划"的两种不同含义间做出区分。通过强调"离开"一词，我们有一种解读，而通过强调"计划"一词，我们又有另一种解读。在戴维森的理论中，我们这儿对真值谓项有两种不同的论证，或者该论证只是一种有歧义的句子？显然，戴维森认为已经做出了这样的决定，即当该理论的公理和真定义将要给出时，语言已经在句法上被严格规整了，更重要的是，据认为事情就以这种方式决定了。关于实际语言该理论将要说的，假如它能算是一种理论的话，将依赖于实际语言的句子如何被识别；它将依赖于仅仅设想存在着的句法上严格规整的方法。

　　戴维森很可能思考的是书写的句子，一个书写的句子都是词的一定序列，一个词是笔画的一定序列，一个笔画是一个"印刷上的字样"。只在印刷风格上不同的句子很可能是相同的，但斜体印刷的句子怎么样呢？或者一个句子中一个词斜体印刷或黑体强调呢？"**太阳在发光**"与"太阳在发光"是一个句子吗？在一些语境中，差别可能是重大的。然而，戴维森感兴趣的很可能是意义的"理想化概念"，这些差别在此并不相干。我们关于句子的日常概念当然不是带有同一性的严格标准的精致概念，更重要的是，标准不是形式的。如果对其用法或交流目的一点都不清楚的话，孤立的词语序列是否为句子，或者是否与某一其他句子为同一句子，很可能得不到答案。但是，对戴维森的探究来说关键的是，句子身份的严格标准（原则上）可给予，因为真值谓项径直意味着递归界定的（数学的）函项。一种语言的句子被设定为构成一个范围，通过递归可以界定其中一个函项,这不仅意味着句子必须有形式上严格的同一性标准,而且意味着可以据以给出递归定义的形式结构。这是戴维森理论所立足的关于语言的理想化概念;它由"指称理论"和奎因阐述的形式语法的概念和技术来决定。在奎因的《语词和对象》①中,我们发现他对句子的专门概念、句子的形式和构成概念、句子的真的概念等等的说明。对于"句子的真"这一概念,存在着分子性原则的副本:作为表达式、作为公式的句子是真的载体。"真"是(句法上)句子的属性,就是说,真值谓项将应用于作为"句法对象"的句子,一个复合句子的真值根据其组成部分的真值决定。

但是,实际语言的句子为真为假,是仅当它有一个意义时,而它有一个意义,也仅当它作为该语言的一个句子有一个可能用法时。对真的日常概念来说,为真为假是句子(即陈述、判断或命题)的用法,而不是句法对象或演算公式的用法。这对于像句子"天在下雨"来说显而易见,它的意义依赖于说话的环境。然而即使对"在地点 P 时间 t 天在下雨"形式的"永恒句"(用奎因的术语)来说,它的真理问题也只有依赖于发布天气报告时这一形式的句子的正常使用背景才能提出。要掌握这一用法,包括熟悉哪儿是我们所谓"天可能下雨的地点"、表达式"P"如何指向这一地点,如何去识别时间 t 等等。

戴维森的意义理论讨论的一个典型特征是,将日常含义上的"科学"和"真"概念同奎因指称理论相应的专门的或形式的概念等同起来。该讨论认为似乎专门的概念完全可以代替日常概念发挥作用。但是,专门概念在语言的形式再现范围内、在语言的理想化概念范围内有其使用,而它们应用到日常语言是有限的。

---

① W. V. O. 奎因:《语词和对象》(麻省,剑桥:MIT 出版社,1960 年)。

　　奎因不愿意让比如弗雷格的,我觉得还包括达米特的意义理论,与他的经验主义和"翻译不确定性原则"相联结。如果有什么能成为个别句子某个意义的实体——像论证所设想的那样,那么我们会谈论一种语言的句子翻译为另一种语言的句子,不管在绝对意义上正确与否:如果使具有同样意义的句子相等,翻译便是正确的。另一方面,从严格的经验主义(或行为主义)观点看,谈论将彻底不同的语言的句子绝对正确地翻译为我们的语言,似乎不存在什么证明。奎因论证说,也许存在不同的、互不相容的翻译,它们却都与外国语言说话者的全部口语行为相容。

　　如果我们为了论证的缘故接受奎因的自然主义视角,那么在我看来,人们可以论证——以类似奎因的思想实验——更强有力的不确定性形式,不仅是翻译的而且是表达式识别的不确定性。在奎因的论证中预设,参与彻底翻译的田野语言学家能够从语音上识别外国语言的表达式。他被设定能够如此识别同一句子的两种不同发音。这是重点,因为正是在这一基础上,他能够形成假设并从经验上检验假设。为了提出有关句子正确翻译的假设,他必须能够识别句子。但他如何能做到这一点? 他有什么标准判断两个不同发音是同一句子的发音? 如果是彻底的外国语言,语言学家认为两种发音听起来相像可能不是良好的标准。他能在研究表达式的意义和用法之前确定外国语言的"发音规范"吗? 奎因显然预设田野语言学家能够,因为他在其论证的开始即说道:"我这里将忽视音素分析,尽管该分析会很早进入田野语言学家的工作;因为它并不影响我要提出的哲学观点。"

　　我们可以料想,这一外国语言在符号化方式上不同于我们熟悉的语言,其中在口音、声调、音高、韵律等方面与我们所习惯的语言有着更大的区别。为了学会这种语言,人们必须获得对这种发音特征的一种新的灵敏度。当以不同的口音和不同的声调说话时,句子也许彻底改变意义。我们可以进一步设想,这种语言只作为口语存在,从而没有据以识别表达式和句子的书面符号。这位语言学家怎么能知道两种发音的什么特征对于把它们当做同一个句子的发音来说是根本性的。两种不同的发音也许从不会十分相像。一种发音的什么特征是偶然的——例如只依赖于某一个体的特定说话方式,而什么又是本质性的?

在奎因的论证中,这位语言学家收集将句子"Gavagai"临时翻译为"兔子"的证据。料想结果证明这是一个好的猜测,但是语言学家突然遭遇了该翻译似乎为错的情境。那么,错误也许不能归于对句子"Gavagai"以前所观察的发音的翻译方面的错误,而是归于对句子在新情境中发音的识别方面的错误。或许听起来非常像"Gavagai",但新情境下发音口音上略有区别也可能使它变成有着极为不同意义的很不相同句子的发音。可以说,该语言学家对外国语言的音素分析是不确切的(奎因的论证中却认为这是确切的)。然而,我的观点是,确切的音素分析的观念与确切的翻译的观念一样成问题。我认为,从奎因的严格经验主义观点看,人们可以对"表达形式的不确定性原则"做出论证,以便于能够以不同方式制定出将外国语言的口语识别为同一句子的口语的手册,各种方式都与土著说话者的言语倾向整体相容,但相互之间却不相容。

这一强势的不确定性形式将毁掉奎因不确定性原则的概念的和方法论的基础,正如该基础在上面引证的评论中所表现的那样。奎因的设想是,"语音规范"可以独立于对表达式用法的研究和句子的可能翻译,而以自然主义术语加以识别。他认为这至少原则上是可能的。但是,这种看法归结于这样的假定,即外国语言也是有着下面结构的形式系统,该结构可孤立于其表达式的用法形式而得到具体说明。如果我们感兴趣于实际人类语言的本性而不是其某些有限的理论再现，那么对外国语言的表达形式的识别的确是关键的哲学问题。语音规范，具有本质性的口语特征，最终在某些人类环境（如果是外国语言的话我们或许不熟悉）的口语使用形式范围内被决定。对于区分表达式的本质特征和非本质特征以及好的或不好的翻译来说，对这类环境的熟悉也许是必要的。对于任何熟悉不同方言或不同专业行话的人来说，这应该是显而易见的。奎因和戴维森的自然主义探究的概念和方法不可能公平对待实际语言的这一根本特征。

奎因的不确定性论证可以转化为一种归谬法，径直表明它所预设的语言概念的错误。如果要问："奎因的不确定性原则在多大程度上告诉我们有关人类语言本性的事儿?"那么回答可能是："只在我们将人类语言看做带有具体结构的语言并加以证明的程度上"。

设想奎因论证中的语言学家手里拿着包含充分的音素分析结果的书和关于外国语言的良好的翻译手册（我们可以料想，该书已由另一语言学家完成，他曾作为土著说话者习得了外国语言）。或者换句话说，设想该语言学家掌握了关于外国语言的一种（完整）理论（包括词典、语法等），一种作为带有特定结构的语言的再现物。不确定性由此采取以下形式：从经验主义观察者的观点看，存在着翻译土著说话者实际言语时应用（或解释）该理论的系统的不同方式，它们都与土著言语倾向的整体相容，但彼此却不相容。为了正确地应用这一理论，他必须作为一个说话者学会该语言。

知道一种语言并不（暗含着）知道一种理论。如果一种人类语言被看做使用表达式的规则系统，那么构成正确遵循规则的因素最终是在该语言所属的生活形式的范围内决定的。

科学与哲学中的理想化

或许可以说,作为语言哲学一个分支的意义理论并不关涉狭隘的语言考察以及测试和应用该语言内所发展的理论的一些细节。其主要兴趣总的来说是"原则的困难";为了确定讨论范围,使问题得到更确切的解决,必须采取一定的理想化。我的批判将直接指向根基,即认为任何理论必须采用理想化,比如在物理学中,在构造自然现象的模型时人们有时忽视摩擦和空气阻力。

与自然科学的研究方式的这种类似,已在分析哲学中发生深刻影响,但出于许多原因它是错误的。首先,通过观察其应用的细节,自然科学的确证明其理想化。其次,(现代)物理学不是哲学。它不涉及"何以使自然成为自然"的哲学问题。但是,意义理论却应该属于语言哲学。

重要的是要认识到,目前对理想化概念的哲学使用来源于自然主义观念,即认为哲学"就其目的和方法的要点而言,应无异于科学"(奎因)。在科学工作中,其中理想化概念有自己的恰当位置,理想化是强加给所研究的主题的一种概念或原则(像经典力学的原则一样),也由研究的方法加以界定。理想化中的"理想性"在于将这些方法看做规范的而不是绝对的,然而是在一定主题的科学研究活动的范围内。正是通过对科学工作的这一洞察,科学家们倾向于谈论模型而不是理论,强调所包含的概念是构造物,其原则是强加的,避免有关绝对性的陈腐的形而上学论断。在自然界身上强加一种结构的这一程序在解决经验科学和技术问题中被证明是成功的。在哲学的理论化中缺乏任何这类经验证明,哲学家们便诱使去发明一种。受到大众科学的教条态度的支持,他们将自己的原则看做绝对意义上的规范,就是说,看做不仅在科学研究语境之内而且对于所研究的主题本身来说的规范,无视其中的科学语境。方法论原则,即限定其理想化的概念和原则,被看做是对所研究的主题的(隐藏的)一般事实的描述。通过如此运作,他们看不到形式模型和所模拟对象间的区别,而谈论事物的形式再现物好似谈论事物本身。以这一方式,许多语言哲学家谈论语言现象的形式再现,如句子、命题、断言及其句法的和语义的结构,似乎他们正在谈论的语言现象就是使用语言的实践中所显现给我们的语言。

但是,即使语言哲学家的理想化找到专门的和经验的应用(例如在计算机技术和其他地方),对绝对性的哲学主张仍没有得到证明,因为"理想化"的这一科学概念是与哲学要搞清楚实际语言的本性的目的不相容的。在严肃地对待这些目的的哲学研究中,我们将不得不更近地观察实际语言的各种现象,像它们自己所呈现的那样,不是在某一强加的再现中,而是在我们使用语言的正常实践中,我们不得不注意对这一实践来说本质性的特征。相反,忽视某一语言现象在其正常语境中所显示的本质的和偶然的特征间的区别,并强加(或重建)一种秩序,当做与有关"理论应采取什么形式"的某些要求相一致的本质特征,正是科学探究的一部分。这就是自然主义者所认定的"理想化"程序的一部分。

我并不是建议,在科学探究中结构是任意强加的。从历史的和经验的观点看,理论构造的过程当然复杂得多,但是在这里我所感兴趣的是理论构造中所形成的概念(或误解)。在现代哲学和语言学中应用科学路径的正常程序开始于一些例子,固定这些例子的结构的一个方面,然后用以概括其他情况。这一概括包括将这些例子看做释义新情况的范式或模型,以及将一种理论的形式结构的理想概念当做接受概括的主要标准。在语言学中使用形式逻辑的方法时，我们发现许多这类例子。正是以这一方式一种结构实际上被强加了，即使例子的现身使得看上去似乎该结构为有关语言的事实所证明。这些例子并没有允许在它们所属的正常语境中为自己辩护，它们被重新解释以适应理论构造。看起来这些例子似乎是该理论的"经验证据"，但它们扮演的是为该理论提供阐释性的范式例子的角色，就是说，是作为给语言强加一种结构的系统方法。

在形式的和数理的理论构造中，理想化常常仅由理论的简单性、形式一般性和形式连贯性的要求促发。例如，通过在几何学中引入"无穷远点"和"无穷远线"，能够概括和简化有关线的相交的命题。通过引入复数，能够概括和简化等式的根存在的公理。在这一意义上进行理想化，就是希尔伯特所谓的"理想元方法"①，他将这看做克服与无穷概念联结着的概念困惑的最有前景的路径。对于这些概念困惑，希尔伯特恰当地指出，"让我们记住我们是数学家，因而我们发现自己常常处于类似的困境，那么就让我们回想，理想元方法、一种天才的创造，如何能让我们从困境中走出来。"②构成希尔伯特的证明论纲领的基础的"实在的和理想的命题"间的区分，就是应用"理想元方法"的结果。希尔伯特因而提出数学理论构造中的著名路径，作为解决概念的和哲学的问题的方式。这是严重的错误，它不幸在制造哲学的和科学的目的的混淆，尤其在产生对理想化的理论构造的作用的误解上影响甚大。

希尔伯特所谓的"理想元方法"的确在数学中是一种富有成果的探究。它大抵在于分离和确定一个给定概念的某些形式性质而

---

① 希尔伯特："论无限"，第373页。
② 希尔伯特："论无限"，第379页。

忽视其他性质,从而以这些作为定义性质的形式性质(有时还与其他强加的性质一起)为基础构造一个新系统。但是,对定义性质的选择不是决定于对既定概念自身来说本质性的东西,而是决定于达到形式的简单性、一致性和一般性的可能性。这种做法的一个例子是康托尔构造的超限集合和超限数的理论。这些概念的定义性质部分地受到我们对个体物集合的日常概念的启发,而另一些对个体物集合来说本质性的性质却被忽视或否定了。有关这一"理想元方法"令人误解的地方是,它显现为概念分析的方法(在康托尔、希尔伯特和其他人那里),显现为澄清我们以前具有的概念的方法,而它其实是一种构造新概念的方法。康托尔的集合概念,据此存在着有穷集合和无穷集合,是不同于作为个体物集合的日常集合概念的概念。两种概念只通过形式上的相似性相联结。后一概念不是前一概念的特例,不应由集合论来"澄清"。实际情况是,集合的日常概念(以及序列、列表和表等的日常非专门概念)通过我这里所反对的康托尔集合论的解释很可能被混淆了。① 理想元方法,并不像希尔伯特想让我们相信的那样,是一种划定既定概念边界的方法,似乎逻辑边界富有弹性。它也不是"扩展旧的概念"的方法,而是制造新概念的方法。然而,涉及哲学的概念问题与我们拥有的概念、已在我们心中却被我们搞混淆的概念关联着。因此,希尔伯特的理想元方法不是一种哲学方法。

　　哲学研究也可以说涉及理想化,涉及对语言的本质特征做出表达,忽视无关的偶然因素,但它是在截然不同于科学概念意义上的"理想化"。可以说,进行理想化就是在人们心中强调有关事物重要的、本质的东西。但是,在哲学的或概念的研究中做出决定的根据

---

　　① 这一点将在第3部分以下做更仔细的讨论。

并不是(哪怕部分的)方法论的要求以及理论和说明应采取什么形式的理想。其根据是语言现象本身的逻辑秩序,像它们在使用语言的实践中公开显现和担当的那样。然而,展现语言的本质特征本身没有止境。目的不仅是发展有关语言的一般观点,而且是使存有混淆的地方达到澄清——哲学研究中对一般观点或原则的兴趣只是作为指导,作为发现消除哲学混淆的语言特征的手段。

传统的哲学和科学,以及胡塞尔、弗雷格和前期维特根斯坦的先验哲学,建立在这样的观念之上,即这些相反的理想化概念毕竟彼此相符,实际语言的逻辑结构与某一系统的科学理论的规则和原则也彼此吻合。但是,这仅当人类语言和实在实际上是理论系统的(隐含的)应用时才如此。这种理智主义被至少 100 年前欧洲传统中一些伟大思想家(例如尼采)看做一种迷信。通过哲学家的职业化以及通俗科学和通俗哲学的影响,这一迷信依旧鲜活——例如在现代语言哲学中,认为语言的日常说话者在默默地或隐含地遵守着一种意义理论的规则。

语言的句子 vs 演算的公式

不能在形式再现和所再现物间做出区分的一个例子是"有意义"(meaningfulness)概念提供的。日常语言的一个句子如果在某一形式系统中有一明确释义,它就被看做有意义的;其意义只以这一释义为基础来决定。这造成奇怪的结果。例如,试分析句子"这球全是红的且全是绿的",它很可能被释义为"这球全是红的"和"这球全是绿的"两个句子的合取。合取的意义是什么? 它由"子句"的意义决定吗? 的确不存在正常含义上(正确地或错误地)描述一个球的颜色时这样使用的句子合取,其中例如某人想为孩子买一个球时在玩具店这样使用"子句"。当某个球实际上为白色时,有人也许可以用其中一个"子句"就球的颜色向他人撒谎,但合取句能用于向某人说谎吗? "我告诉他,球全是红的且全是绿的,他相信了我!"该合取不是假的;它在被断言的字面使用中没有意义。它自称要表达出于逻辑理由被排除的可能性。为了认识到这一点,有必要熟悉我们颜色词的使用形式。

试分析句子"这球上的红点形状是方的而同时又是圆的"。人们或许可以想象这一句子在其中有含义的某一特定使用形式,例如,彩灯的某一现象使得这个点不停地变化形状或诸如此类。但该句子在正常含义上不能使用,例如,当我们要求某人剪掉一块墙纸盖上,我们用以描述墙上彩点的形状时。通过证实两个句子"这墙上的红点是四边形"和"这墙上的红点是圆形",证实上一句子没有问题。这两个句子不是逻辑上独立的。于是,我们这儿有了我们语言中的两个句子在意义上不受"合取限制"的另一个例子(可以给出成千的例子)。

有人或许会说,这表明这些句子不能被释义为合取,但应该以其他方式被形式化。然而,我们能够系统地考察这类困难吗? 能有意义地设想原则上可以做出这类合取吗? 如果语言基本上是一种演算,跟人类现实的各种情境相分离——那么是的。有关这种语言的句法准备的假定,即认为这一假定应该先于意义理论中的意义说明,将与现实毫无关系。

我们可以接受这样的陈述,即谓词演算的某些公式的确显现我们语言的(真实)命题。在逻辑语义学和意义理论中(从卡尔纳普、塔尔斯基甚至弗雷格开始),人们坚持一种更为激烈的主张,即谓词演算(或其某种扩展)中每一"合格的公式"都表达一个命题,即具有真值条件,如果非逻辑的符号已给出解释的话。坚持这一主张的基础是对形式再现与所打算再现的东西的等同(或混淆),人们不得不以概念上许多荒谬后果为代价来做出这一等同。

设 P 为句子"7 是奇数"。这句子的确表达真实的算术命题。我们熟悉这一甚至初等学校算术水平的简单句子的使用形式。但像 P→P 公式怎么样? 句子"如果 7 是奇数,那么 7 是奇数"是否表达一个算术命题,其证实以某种方式使用了自然数算术的规则和概念? 当然不是。作为算术命题,没有这样的用法。这不是因为它平凡——例如,像等式"1+2=2+1"表达了很少需要证实的平凡算术事实一样——而是因为它没有一点算术内容。在教孩子加法时,人们或许指出,2 加上 1 得出的结果等同于 1 加上 2,但是在教他们奇数时,人们必须指出,"如果 7 是奇数,那么 7 是奇数"吗? 该句子只有作为初等算术语言的某种形式再现中的公式才有作用。可见,的确表达一个命题的是句子"P→P 是命题演算中可推论出的"或"P→P 是重言式(的例子)"。于是,如果有人说,他在"证明 P→P",很有可能他在证明这类命题。他在形式再现范围内推论该公式;但该公式并不再现命题。

同样,如果 Q 是句子比如"天在下雨",那么公式 Qv∼Q 没有表达命题。它作为有关天气的陈述没有用法。它作为经验陈述没有真值条件。它没有在任何情况中表达真,某种意义上说"子句""Q"和"∼Q"却可能表达。另一方面,它是命题演算的"合格的句子"(即公式)以及(经典的)重言式的例子。而这是我们可以证实的一个命题。所以,当被应用于真实命题时,谓词"……是真的"意味着某种完全不同于作为演算公式的谓词时所意味的东西。

我这里竭力指明的东西也许更明显地存在于矛盾情况。表达式如"天在下雨且天不下雨"或者"7 是奇数且 7 不是奇数"便不表达命题。或者,有人也许想象这些表达式作为命题的特殊(或比喻的)用法;但它们不是在每一子句表达命题的同一意义上表达命题。合取"天在下雨且天不下雨"不是在其中一个"子句"在某种情况下为假的同一意义上为假。从下面事实看,这是显然的,即合取不能在所声言的字面意义上用于传达有关天气的错误信息或撒个谎。

出于同样原因,将表达式"(Q且~Q)是真的"和"(P且~P)是真的"当做判断甚或潜在的判断没有意义,即使谓词"是真的"像我们通常分别用于日常经验和算术命题那样被使用。谈论"知道(Q且~Q)为真"也没有意义,即使在"潜在地"知道它从不会变成"现实"的意义上。

谈论"知道作为Q且~Q的证实意味着什么"是否有意义? 如果公式"Q且~Q"表达一个命题,那么应该至少能够力图证明它;但是力图证明天在下雨且天不下雨意味着什么? 我当然不是在谈论力图从演算的某一前提中推论公式Q且~Q。"那么,这意味着你力图找出'天在下雨'陈述的证实以及'天不下雨'陈述的证实。"但是人们能力图做这样的事儿吗? 当然不能。在陈述"天在下雨"的证据出现时,就不可能再去力图证明"天不下雨"(或者相反)。

假定某人打算出门散步,在寻思是否要带把伞。他是否能有意义地对他人说:"请你到窗前,看看天是否在下雨——别忘了同时看看天是否不在下雨。"

同样的,在表明1和7之间没有两个数的和等于7这样的计算中,不存在力图找到其和等于7的两个数的问题(即力图表明7不是奇数)。谈论"Q且~Q命题的可能证明"意味着虚无(除非是在逻辑演算中对该公式的可能推导)。别混淆"力图证明7在日常算术中不是奇数"和"力图在某一形式系统中推导公式P(或P→P⊥)"! 后者当然可以推导出,即使在同一系统中推导出公式P,也就是说,可以有意义地力图证明一个形式系统是形式上不连贯的。但是,在公式 P 已(正确地)推导出时,不能有意义地力图证明公式 P 在同一系统中不可推导。

所以,在我看来,维特根斯坦在《逻辑哲学论》中有充分理由说"重言式没有任何真值条件……重言式和矛盾式是缺乏含义的。"(4.461)然而,它们不是完全没有意义,而是"符号系统的一部分,正如'0'属于算术符号系统一样"(4.4611)。就是说,它们有意义是只作为逻辑演算的公式,而不是作为"实在的图像"或作为"可能事态的显现"。这表明,《逻辑哲学论》有关"命题作为其真值条件的表达"的观念意指本质上(而不是方法上)不同于逻辑语义学和意义理论所意指的东西,当它跟弗雷格和塔尔斯基作为真值条件语义学例子的概念一并提及时,也与有关意义理论的文献中所常常建议的东西相反。与《逻辑哲学论》的概念相反,马丁-洛夫①将矛盾式的"无条件为真"理解为就是它的真值条件(这听起来好古怪),而不是指它没有真值条件。这与塔尔斯基和卡尔纳普的"真值条件"的纯形式概念一致,而不与《逻辑哲学论》的概念一致。

当诸如"命题"、"为真"、"真值条件"、"意义"、"知道"、"证实"和"证明"等表达式,与重言式和矛盾式关联着,像在逻辑语义学和意义理论中那样被使用时,显然这种用法是专门的或形式的用法,不仅不同于日常用法而且还与日常用法冲突。另一方面,这些专门概念之所以出于方法论原因受到青睐,也同样显而易见。理论构造是首要目的,而形式连贯性则是理想。专门概念被遴选出来,以便语义理论的发展符合于这一理想。人们借助语义理论中的归纳和

----

① P. 马丁-洛夫:"命题的真、判断的证据、证明的有效性",载《综合》,第 73 卷,1987 年,第 407—420 页。

递归,力图接近定义(或"说明")的数学方法。当然不存在作为实际命题(甚至不包括日常初等算术命题)的真值条件的归纳定义这类事儿。这类归纳定义只有联系到语言的形式再现才有意义,在这里命题作为由归纳定义生成的公式出现。我们在此又遇到了这样的情况,即所声言的意义理论的某些基本概念被构造理论的方法论要求而不是我们使用语言的日常实践的事实推动着。

　　归咎于混淆形式再现物和打算再现的东西的强烈而广泛的趋向,认识到下列两者间的这一重要概念区别是不容易的,一方面是命题、真等等的形式的或"理想化的"概念,它们属于作为演算的语言再现物,另一方面是命题等等的实际概念,它们在我们使用的语言中有其基础。试以句子概念为例。在将句子当做在表达一种实际命题(即在人类语言中作为句子有一种可能用法)和将句子当做某一形式系统的或根据某一形式系统的规则的公式之间存在着几乎系统的混淆。该区别甚至适应于简单的句子如"天在下雨",就它在我们很熟悉的环境中的语言里有一种用法形式而言,它表达着真实的命题;但作为一个公式,其正常使用环境被径直忽视或抽象掉了。人们反而将句子当做(形式上界定的)真值谓项的一个论证和命题变元的一个可能值。或者人们虽然可能把它看做语法上合格的句子,但是在习惯化的解读的基础上而不是其通常使用形式的基础上认识到的。然而,作为一个公式,它无法在某些经验证据上为真的含义上表达一个真实命题或者具有真值条件。它表达一个实际的(经验的)命题,仅当其(实际)使用的条件得到满足时,而要知道这些条件就是——其他的先不说——要知道在其为真的证据出现时,甚至都不会有寻找否定的证据的问题。不理解这一点的人可以说不曾掌握描述和报告天气的语言游戏。他还不知道该句子表达什么命题。

为了看清形式再现物和打算再现的东西间的区别,试分析下面的比较:想象为了制作地图的目的测量某一地区两点间的距离的实践。在这一情况中利用理想化或许是有用的。在一个地区测量距离的方法和技术当然总有物理局限,所以人们能确切地描述一个真实数据 k(例如,很小的数字),以至于像句子"A 和 B 两点间的距离是 k 米"在这一实践中可能没有确定的经验的或物理的意义。也可能没有将其证实或证伪的方法。但是,这一事实并没有使它在测量距离的演算即制定地图的理论中,在使用"A 和 B 间的距离是 x 码"的表达形式时,较少将任一正实数当做变元 x 的值。这仅仅意味着,不是理论中所有这类句子都再现经验命题。

人们可以以同样方式询问:不是所有公式都再现人类某一语言的命题,如果这一点允许,那么形式逻辑和形式语法的系统是否减少了用处? 如果这样,什么用法会受到挑战? 当人们认识到在我们的语言如其实际使用的那样与当做演算的再现物之间没有完全的一致性时,或许我们就面临着两种答案间的选择。要么人们可以(正确地)说,形式再现对我们语言的应用是有限的,要么做出这样(无意义的)论断,即人类在使用和利用自己的语言方面原则上能力有限。在意义理论和形式语义学中,人们选择了第二种答案。

正是作为演算公式的句子概念导向显现于"命题"概念中的"意义关联物的假设"形式,这一"命题"概念既用于证实主义语义学也用于真值条件语义学:"命题"作为有意义的句子的内容或作为与其意义连在一起的句子。这里关键的地方是,命题被看做是只由句法上的句子决定的东西(如同分子性原则所要求的那样)。归因于将语言根本上看做表达式的形式系统的图像,人们才热衷于将命题看做独立于判断、断定或命令行为的东西——似乎命题是一种在判断或断定行使功能之前就作为命题完成了的实体。人们被迫陷人这样的错误,即认为一个句子在脱离其使用形式时就有了意义。

关于命题的这一概念当然牢固地植根于形式逻辑和形式语法的传统。它受到把语言看做具有特定结构的概念的推动,更具体地说,受到句法(或语法上合格的)句子概念的推动,而这些句子主要是由形式规则系统决定(或生成)的句子,这些规则被看做独立于和先于句子的使用环境。在这一意义上,一个命题就是弗雷格通过表达式 *Vorstellungsverbindung*(思想内容)所说明的东西,似乎"断定力"不包含在命题中,而是不得不补充到断定句的东西(弗雷格的"断定符"),似乎命题的本质方面——即它说了某事、断定某事——倒是为了获得判断或断定而必须添加的外在特征。

这里将句子或"命题"与箭头符号加以比较是有益的。我们可以说一个命题断定情况为如此这般,如同在大约同样含义上我们说箭头指向一定方向。人们不需要给箭头符号增加另外的符号来"启动其指向力";同样,人们不用指谓一个命题的某一"断定符"或"真值谓项",以便使断定产生出来。人们在适当环境中尽管说出就是了。人们利用已在其中的"断定力"作为对一个命题的表达。一个断言的符号就是命题的符号,一个人做出断定的标志(通常)就是他在某一情境中以某种方式说出句子。使一个表达式或一串词成为我们语言的一个句子的是,它有作为句子的可能用法,即进行判断、对某人说某事、报告观察结果、回答问题等等。然而,只有在这样的功能范围内,它才是一个句子或"命题符号"。

并不是因为一个句子是句法上合格的(及语义上有意义的),它才能有这样的功能,而是它在我们的语言中能有这样的功能这一事实才是它之所以为"合格"句子(及有意义命题)的原因。人们也许会说,这是一个句子的基本概念。它当然不是确切的概念,但另一方面,我们的语言中我们倾向于称为句子(或命题)的表达式在有关如何具有意义方面并不组成同质的范畴。我们确实以各种方式使用"句子"一词:有时我们称一串词为一个句子,因为它看起来像一个句子或类似于其他句子,或者因为它读时听起来像一个句子,而有时我们称一串词为一个句子,则因为它是根据经典语法规则或根据现代语言学理论的句法规则构造的。

例如,以五十个可选择出现的词语"对全部的……"、"存在一个……"开始的一串词是句子吗? 我们能想象有人使用这样的句子进行人际交流吗? 那的确会是非常特别的情境。另一方面,作为句法上的句子或演算的公式,它也许是跟其他句子一样合格的句子。在将语言当做演算的概念中我要反对的错误是,将句子的这些概念中的一种形式当做根本形式,并自称日常概念可以以此为基础加以重构或"说明"。

学习语言与遵守规则

有时人们说,令人满意的意义理论必须说明这样的事实,即学习语言是有可能的。为了做到这一点,人们坚持认为,它必须说明我们的语言如何能"以有限的手段得出无限的用法"(用乔姆斯基的话说)。它必须说明每一句子的意义何以是该句子的无限量特征的函项,一个复合句的意义何以是其构成句的意义的函项。从这一观点看,似乎有充分理由坚持构成性和分子性的原则。对语言中句子意义的详细说明不可能——列出清单,于是(有人认为)需要某一递归概念(在数学递归论的含义上)来阐释语言的可学习性。一些作者如乔姆斯基走得如此远,为了阐释可学习性,甚至要阐述人体生物构造的"递归机制"。

　　这一思维方式中存在着实质性的问题。我倾向于认为,将语言规则看做数学演算规则的概念在这里将我们引入科幻故事的领地。归因于这一误解,该误解又是由对待理论构造方法的教条态度引起,人们才被诱使去发明能说明我们语言学习能力的神话。这意味着,有关语言学习的概念问题无法由这些方法和理想化解决,这些问题恰好是由它们生成的。很大程度上可以说,对我们的实际语言来说,这些问题并不存在。

　　在什么意义上说我们语言中存在着例如像"无限用法"这样的东西,这里"无限"意指数学上的无限?像普拉维茨[①]表达的那样,说"语言中复合句的数量通常是无限的",认为我们具有潜在无限的数学概念,是否真是这样?也许这儿人们心中具有的是像下面的东西:举一简单句子"天在下雨",我们可以根据它构造合格的句子"事实上并非天在下雨",同样的句子"事实上并非事实上并非天在下雨",等等以至无穷。但是,除了这一无限序列的前两三个句子,我们很难再想象现实的语言情境,它们会以句子通常使用的方式来使用。它们是句子,不是人类语言的句子,而是演算公式含义上的句子。它们被看做是根据形式规则的构造物。所以,如果"语言"指的是由借助形式逻辑的理论构造方法来定义的理想化,那么说语言中句子的数量是(数学上)无限的,倒是对的。

　　或者,人们也许在思考像下列无限句子序列的东西:"0 是质数"、"1 是质数"、"2 是质数"等等。数字 n 当然可以描述得(用我们使用的数学语说)太大,从而不可能使句子序列中第 n 个句子(以规范记法写出来的数量)还可以当句子使用,例如在关于质数的数学报告中。这一"句子"会根据我们数学语言的实际句子来描述,它

---

　　① 普拉维茨:"达米特论意义理论",第 129 页。

可能"存在",也不是作为具体对象,不是作为日常含义上的句子,而是作为数学序列的项。

在我看来,这里误导我们的观念是下面一点:"(数学上的)无限序列原则上可以物理地再现为一系列具体的个体事物"。这是虚假的观念。最快的计算机确实可以写出巨大量的数字序列,但是我们可以想象某一天有台计算机能实际写出任何无限序列吗?当然不能。在一方面作为项对项物理上可实现的"有限"和另一方面作为数学上受限的"有限"之间存在着重要的(和通常被忽视的)概念区别。纯数学中的有限序列概念本质上不受物理世界的条件的限制,而写出实际(有限)序列的方法和技术则要受限制。我们由此不得不与两种不同的"有限"概念打交道。数学上的有限不是作为物理上可实现的有限的"抽象的"或"理想化的"形式。它不是"原则上物理地可实现的",而是属于另一个概念领域。[①]"原则上"一词在这里只意味着科幻故事含义上的虚构。人们可以合成某种作为列表的(数学上)有限序列的模糊图像,但是出于概念原因它(总的来说)只不过是一幅图像——所以它令人误解。

正是由于这一误导人的图像,塔尔斯基[②]才发现自己处于一种情境,他在此不得不采用假设"宇宙中存在着无限多的物理事物",以便保障他有足够多的物质对象来据以构造句法理论中的表达式!这一非凡的情境来自塔尔斯基两个不相容的观念:一个是将语言的表达式当做数学演算的构造物,比如自然数的构造物的概念;另一个是认为语言的表达式和句子必须被正确地物理再现的(一定意义上正确的)观念。被物理学的"理想化"所误导,他认为似乎数学上

---

① 这将在下面第 3 部分讨论。
② 塔尔斯基:"形式化的语言中的真概念"。

的无限是原则上物理地可实现的东西。

以将语言当做应用演算的概念为基础,似乎只存在"一个人能带着理解发出和接收的句子长度的实践约束"。① 似乎我们倾向于使用可正确察知的较短表达式,只是我们语言使用的偶然特征,归因于我们作为人类的局限性! 但是,它不是我们所感兴趣的实际人类语言吗? 我们使用语言的实践的这些特征对人类语言(包括数学语言,它本身并不是数学演算)来说当然是本质性的。人们过高估计了这样的事实,即有关我们语言的句子本质性的东西是它们作为句子在我们的人际交流中有其功能。人类语言受到人类生活和人类机体的各种特征、受到海德格尔称为"在世界中"的人类现实方面的限制和约束。在意义理论和形式语义学中,语言的这些本质特征被仅仅当做出于理论效用缘故可以忽视的偶然特征。

也可以说,人们关心的是"人类语言的理想化"。但这些理想化的性质是令人误解的。哪一种"理想性"使我们忽视我们实际使用的语言的本质方面——在本讨论中这意味着涉及使我们的语言成为语言的问题? 理想化不是揭开有关语言的本来面目的结果,而是构造模型和再造物的结果,后者只能作为达到某些专门目的的手段加以证明。

当演算概念与将语言看做物理现象的自然主义观念遇到一起时,如何能学会语言的问题甚至变得更加令人困惑。"孩子如何能学会将意义、目的和意图与纯物理的声音和纸上死的视觉形状联结起来?"当达米特②说:"试分析两个参与会话的说话者。要是立即省察,所发生的不过是轮流从每人口中发出某种声音。但是我们知

---

① D. 戴维森(1970 年,第 55 页)。

② M. 达米特:《当我知道一种语言时我知道什么?》,在斯德哥尔摩大学百年纪念会上的讲演,斯德哥尔摩大学,1978 年,第 4 页。

道有更深的重要性:他们在表达思想……"时,他将自己陷到这一
"神秘"中。"要是立即省察",这是下面情况的很好例子,在这里有
关实际语言使用的简单事实(适合于我们所有人)却在对语言的反
省中被忘掉了。由描述语"轮流从每人口中发出某种声音"所意指
的两说话者间对话中所进行的视角倒肯定不是立即的。相反,这是
被强加的解释;当它如同在句法观点和声音语音学中那样被系统训
练时,它是人们必须通过训练才学会的有关人类言语的高深的理论
视角(当然在传输言语信号的各种技术中是有用的)。

　　设想你在观察两个陌生人之间以你一点都不理解的语言在外
国的对话。当然可能是这样的情境,你在其中不确定他们是在对话
还是进行着你不熟悉的别的事儿。但是,如果这个国家不是太陌生
的话,存在着成百上千的日常情境,你在其中从环境和他们的姿势、
面相和一般行为的确可以看到他们彼此在说话。你对"从他们口中
发出的声音"的态度就是对你无法理解的一部分人类言语的态度。
例如,你可以问某人,他们在说什么(而不是如果他们在说什么的
话)。你的态度不是像对街上两辆车发出的声音的态度,说你在将
两人解释为正在对话,或者说你得出结论他们正在对话,甚至也是
令人误解的。你径直看到对话。事实上我们"立即"看到这样的事
儿。

　　我们能说婴幼儿以纯粹物理信号的形式"立即""接收"其母亲
的喜爱言词、面相和姿势,而只是后来发现它们含有"更深的重要
性"吗? 婴幼儿如何能对纯物理信号做出满意的反应? 使我们的语
言成为语言的人类环境在这里被忘掉了。哲学的任务必定不是接
受对待有关学习和理解语言的问题的这些方式,而是揭示其中所掩
盖的胡说。

　　如果语言被看做基本上是表达形式的系统,由其句法的或语义

的规则决定,那么肯定难于理解特定的语言如何能被学会。例如,人们如何能只从有限的有关加法规则如何运用的例子来获得像"数的加法"的概念? 当我们仅在有限的例子中测试和比较两个人的理解时,我们如何能确信地知道他们有同样的加法概念? 出于同样的原因,我们能确信使用任何语言表达式的规则吗? 意指或意向一个规则而不是另一个规则的概念有含义吗?

这就是克里普克①面对的问题,他的怀疑论结论受到将语言规则看做演算规则的概念的诱惑,这样理解的规则先于它们进入人际交流中的使用、先于它们被应用于已经存在的现实就已完成。实际情况是,我们大多数能够习得像加法的概念,正常情况下也能够确信地决定他人是否习得同样的概念(像学校的每个教师所知道的)。如同涉及比如有关颜色、时间点、天气、食物等我们日常语言词语的通常用法一样,使用这些词的规则也"完全"可以学会,而某人是否学习到进一步怀疑就没有意义的地步也是能确定的。可见,与这些事实发生冲突的语言概念肯定出了什么错。这里哲学的任务不是去"说明"这些无可置疑的事实,而是要研究我们的语言概念在哪些地方出了错,以至于我们被引向这样荒谬的怀疑论结论。

让我们更仔细地考察克里普克的"怀疑论论证"。② 他从这样的观念开始,即学习加法就是要"掌握加法规则",规则决定着一个人对他以前不曾考虑的许多不确定的新算术题的答案。但是,因为一个人在既定时间只能做出有限多的算术题,因为他过去和现在的

---

① S. R. 克里普克:《维特根斯坦论规则与私人语言》(牛津:巴西尔·布莱克韦尔,1982 年)。

② 我或许应该谈论"克里普克对维特根斯坦遵守规则评论的解释"。但是,许多人已经表明,克里普克对维特根斯坦的解释总体上是一种误解,例如在 G. P. 贝克尔和 P. M. S. 汉克尔的《怀疑论、规则和语言》(牛津:巴西尔·布莱克韦尔,1984 年)中。我将不再对这一评注的问题做进一步的探讨。

行为和心态的总体是有限的,所以可以以这样的方式解释他的行为,即它不仅符合加法规则而且符合其他规则。正如克里普克所指出的,无论在我的过去行为还是心路历程中,似乎都不存在构成我意指加法规则而不是别的规则的事实。结论似乎是这样的,即意指或意向一个规则(或函数)而不是另一规则没有意义。

如果克里普克的论证表明什么,那就是人类遵守规则的实践不能根据外在的标准来限定或决定或刻画。"他在遵守'加'规则"或者"我指的是遵守加法规则"形式的陈述不能在外在证据的基础上加以证实,如同"这一星球的运动遵守规则 R"的经验命题可以在同样含义上被证实一样。在这方面,克里普克的讨论表明了奎因在"翻译的不确定性"论证中得到的同样东西:规则并不基于外在于遵守规则的实践的事实来决定。然而,克里普克以及奎因拒绝从这一点学到该学的东西,就是说,遵守规则的现有实践是逻辑上根本的东西。克里普克却反而要以他认为根本的东西为基础——规则和函数的外延图像以及自然主义的语言概念,来重建这些(从事数学的以及总体上使用语言的)现有实践。

克里普克似乎认为,他的论证不同于奎因的论证,因为他不像奎因那样将自己界定为一个"观察者,能够观察自己的公开行为而不是自己的内在的心理状态"。但这并不是重要的区别。克里普克无论如何在为"他过去意指加法而不是别的规则"追寻外在的证据。当我在计算数的和时,观察或回忆我的心理状态就等于观察外在于加法实践的特征,如同观察我在做加法时的眼睛运动一样。"外在"在这里的重要含义不是相对于心理的外在,或者他人相对于我自己的观察而对我所进行的观察,而是概念上独立于遵守规则的实践含义上的"外在"。规则和遵守规则的实践之间的关系是内在的。脱离计算、加法和计数的实践,加法规则就只是语言读法的数学表达

式,它——在克里普克的例子中——由规则和功能的外延图像引
起。可是,以这种方式理解,遵守规则意味着什么就很难确定。尽
管事实上我们的确知道遵守规则到没有怀疑余地的那一步意味着
什么,但克里普克还是不愿意怀疑作为规则的根本概念的外延图
像,他由此被迫对这样的"悖论,即我们遵守规则,如同我们无须理
由或证明而遵守那样"给以"怀疑论的解决"。这一"悖论"只有在
加法规则(或函数)的外延图像的背景下才存在,该规则最终成为这
样的个别等式(或有序对)的"无限列表":$1+1=2$、$1+2=3$、$2+1$
$=3$、$2+2=4$……。这是克里普克所使用并在其讨论中始终认为理
所当然的加法规则的基本概念,他对此的态度是,尽管造成了悖论
和荒谬,还是认为它毫无疑问。克里普克论证说,当"我例示这一函
数而给自己只有有限数量的例子"时,我何以能知道我过去意指加
法? "只有有限数量"这可以理解为,如果我已接近"例示这一函数
的所有例子",我所意指的函数才能排除任何怀疑! 但是,按照克里
普克的思维方式,这是不可能的,而不是无意义的。不可能是由于
实际的原因而不是概念的原因:我是有着有限心灵的有限存在物,
无法接近"无限的对象领域",那里存在着"无限的个体事物的列
表"。克里普克在考虑这样的可能性,即一个人心中存在着某种东
西,当遵守规则时它告诉他在未来所有的例子中如何做,但他基于
如下理由拒绝这样选择:

> 关于列表有无限多的例子并不在我的心中供我将来
> 选用。说我的心中有着告诉我未来如何做加法的一般规
> 则,只不过是将问题又扔回另一规则,后者似乎也只能根
> 据有限多的例子被给予。①

---

① 克里普克:《维特根斯坦论规则与私人语言》,第28页。

我们"只"接近"无限序列"的片段。这里明显预设了"无限对象、无限图表的领域"。但是,这一"领域"只是进行计算或做算术题的实践中也许无害的一幅图像、一个比喻、有时甚至是有用的思维方式,而当它像克里普克使用的那样被用于哲学目的时就会产生胡说。这一点的最好证据当然是克里普克在此基础上得出的"悖论"和谬说。不存在个体事物的无限列表或无限图表。数学范围内使用的无限列表概念是带有不同逻辑语法并与日常的列表概念有某些形式相似性的专门概念,它说明"列表"一词的选择,但却是对该词的不同使用。克里普克产生的困惑来自相似性尚未发生的地方,但克里普克却理所当然地认为应该存在着完全的相似性,它是同样的列表(或图表)概念,因为我们使用着同样的词。

规则的外延概念是克里普克处理的数学例子和其他例子中问题的主要原因,正如在使用"绿色"一词的规则时那样。在他看来,似乎只有以过去、现在和未来的所有例子总体为基础,正确地说一个对象在那一刻为绿色,才能最终确定使用这一词的规则。因为一个人只能接触所有这些例子中的小部分,所以使用"绿色"的规则就无法确定。这些情况对于使用其他某一颜色词如"绿蓝"(grue)来说也是一样的。

这里的一个问题是"正确"意指什么,另一个相关问题是"使用一个词的规则"意指什么。为了能够陈述概念问题,克里普克必须某种程度上设定,过去、现在和未来的对象具有不管我们怎样使用颜色语词因而不管怎样使用颜色概念都具有的颜色。他必须设定,可以有意义地谈论对象在某一时间实际上具有的颜色——但独立于我们的颜色语言(即独立于我们使用颜色语词的规则)!但显然无法独立。克里普克必须设定一种"元语言",他在其中可以参照他正在讨论的规则的外延图像,以便能够陈述他的问题。他设定他能够谈论绿色为一种颜色(或规则)而绿蓝为另一种颜色,能够理解它们的"同一性"最终是它们外延的同一性。在数学例子中的相应假设是,数学函数本身作为外延上构想的"抽象的无限对象",是在怀疑论问题的陈述中被预设的。料想他能够在我们"目前"使用的某一元语言中指向这些函数。可见,克里普克似乎意味着,这一假设只是即兴做出的:当这一论证被给予时,我们可以像达到怀疑结论时使用过的梯子那样扔掉这一假设,然后将其扩展到整个语言甚至我们目前的元语言。但这是错误的。外延图像和假设的这一图像存在于其中的元语言,不仅仅是陈述该问题的前提条件,而且是存在怀疑论问题的前提条件。该问题及其解决为什么被称为"怀疑的"? 克里普克看不到这一错误,因为他将语言看做表达式的演算,可以同指向事物的表达式的使用现实相分离。在克里普克看来,实在是外延图像,但该图像只在表达式的演算范围内存在,就是说在克里普克陈述其问题的哲学行话范围内存在。当这一行话被去掉后,所留下的是我们的日常语言——没有怀疑论问题。

克里普克通过"使用一个词或一个表达式的规则"所意指的严格说来不是该词某一用法的规则,而是该词在约定记法系统中的规则,即一种术语学的规则。通过"使用'绿色'一词的规则",他意指可以描述"绿色"一词所有术语学历史的规则。"绿色"颜色本身、绿色的外延只不过是这一术语学历史所设定的对象副本。正是这一图像伴随着对"绿色"的术语学历史的描述。"绿蓝"一词的术语学规则被克里普克陈述如下:"过去的对象是绿蓝的,当且仅当它们(那时)曾是绿色的,而现在的对象是绿蓝的,当且仅当它们(现在)是蓝色的。"但是,这一使用形式为将颜色归属于对象而预设了"绿色"和"蓝色"两词的使用形式,就是说,必须预设绿色和蓝色概念。然而,克里普克对表达式用法的非时间的、概念的含义并不理解,即不理解表达式借以"与实在联结着"的用法;他似乎认为使用表达式的所有规则都是术语学规则。这是因为对他来说一种语言本质上是一种系统记法。

克里普克明确主张,他只能在"元语言学含义"上陈述其"怀疑论悖论",即不是作为有关算术或有关对象颜色的怀疑论问题,而是只作为有关"语言学意向"的问题:"我目前符合我以前的语言学意向吗",但什么是我们的"语言学意向"? 这一(专门)概念背后隐藏的是关于语言及其用法的什么图像? 怀疑论问题只在所讨论的作为记法系统或表达式系统(或"对象语言")的语言概念范围内存在,该系统与"所要揭示的非语言现实"处于外在的"指示"关系(即正如它在模态理论语义学中所设定的那样)。当我为了对现实中一个对象有所指说而——按照这一概念——使用语言时,我首先通过我使用的表达式对我想意指的对象形成意义的"语言学意向"。当我想说这树是绿色的时,我首先形成意义的语言学意向,用"这树"意指这树,用"绿色"意指绿色! 我过去和现在的语言学意向一致吗? 似乎所存在的一直是这样的问题,即对通过我使用的词和表达式所意指的东西我是否出错! 怀疑论问题只在克里普克所谓的"元语言学含义"范围内才产生,就是说,只依赖自然主义的演算概念才产生,该概念构成如"对象语言"、"元语言"、"使用 vs 提及"、"'X'指谓 X"等概念的背景。所以,克里普克的讨论向我们展示的是,这一图像作为我们实际语言及其运行过程的图像肯定是错误的。

使用一个颜色词如"绿色"的规则的普遍性不是外延性的。并不是说为了以完全的普遍性掌握这些规则,我们就不得不接近过去、现在和未来的一切绿色东西。我们从例子中学会使用该词,我们学会将一个对象识别为绿色,尽管它可能有我们以前未曾碰到的绿色深浅度。可以说:"如果一个对象在相关方面足以类似于"我们曾见过的绿色东西,我们就学会将它识别为绿色。这儿范例的普遍性是由"有关的相似性"表达的。但是,没有在使用颜色词的实践之外的框架中可以界定或刻画这一"相似性"的方式,就是说,这一相似性是与使用"绿色"进行颜色判断的人类实践相分离的。所以,可以说,说明或界定这一相似性(即绿色东西所共同具有的东西)的任何尝试都将陷入循环。然而,当人们认识到使用颜色词的现有实践才是逻辑上根本的东西时,这一"循环性"并不构成问题。它在概念上只是开端。只有从错误的观点看,才会感到这一循环性是个问题,按照这一观点,使用颜色词的实践可以被重构、推导、说明或证明。

　　与识别颜色的新色度相关的"问题"是下一问题:"我们如何能使用和理解新的句子,我们以前从未听到或看到的句子——而且是如此多的句子?"回答有关"语言的生产性"的这一问题被看做是现代语言学理论的最重要任务之一。但它如何能成为一个问题? 它有问题的形式并不足以使它成为一个问题。它在我们使用语言的实践中甚至很难成为一个问题,对我们来说,它常常例如倒以这样的方式成为问题,即我们不理解某些新句子,有时甚或是我们以前已使用的句子。使这一问题成为问题的条件是什么? 它是语言学理论范围内的问题,是语言学理论范围内的语言概念背景上产生的问题。在我看来,在乔姆斯基和最近的形式语义学解决这一问题的方式中,外延观点也在起作用。在那里语言被看做句法上或语法上合格的句子的总体,这一总体被看做个体事物的外延、个别句子的外延,而这一外延反过来又被看做物理对象的有限序列,其中每一序列都有一定的语法结构。① 我们显然不能——按照这一概念——一个接一个学会这些个别句子，如同我们学会有限序列或列表的各项一样，因为它们太多了。必须根据递归原则和构成性原则，"在有限基础上"（用乔姆斯基的话说）来说明我们如何"生成"它们并达到对它们的理解。语言的句子不得不重构为演算的公式，这里"重构"是合适的词语，因为按照外延论观点，一种语言的所有过去、现在和未来的句子都已经是个别的、不随时间变化的存在。似乎这些生成过程已经在某一影子似的现实某处完成了。在未来将被使用和称为句子的表达式被看做已经由形式语法的规则决定为句子，无视表达式的形式以无法预见的方式、有时以与过去和现在的语法标准相冲突的方式发生变化这一事实。

我们这里所具有的是来自数理逻辑的观念和有关数学基础的讨论对语言学理论的不幸影响。正是以这一错误的外延论图像为基础，乔姆斯基对使用演算概念"说明自然语言"建立了一种"证明"。"我们应该如何说明我们能理解新句子这一事实"出于许多原因，该图像是错误的，但最重要的是因为不存在作为个体事物的无限外延这类东西。正因为这一外延论观点连同将实际语言的句子错误地再现为形式系统的"句法对象"，产生了对我们理解新句子的神秘感。如果我理解的日常新句子是作为这种再现的符号序列给予我的，那么或许存在着解释它、"从它的生成过程"推导其意义的问题，但通常情况下不存在这类问题。我径直从句子发生的语境中解读句子所说的东西。

---

① 于是，乔姆斯基宣布："从现在起，我将把语言看做句子的集合（有限或无限），每一集合在长度上有限，并由有限的因素构造出来。所有说出或写出的自然语言都是这一含义上的语言，因为每种自然语言都有有限数量的因素（或字母表上的字母）。"（《句法结构》，海牙：穆顿，1976 年，第 13 页。）

外延论图像处于问题的根基这一点从这一问题的措辞方式中也看得一清二楚:"我们以前从未看过的句子。"似乎所有的句子无论如何提早存在某处,只是不跟我们在一块儿! 对我以前曾看过的句子就不产生这一问题? 试分析"X 出生于 1367 年 5 月 14 日"这一形式的句子,我们可以想象它在某一历史著作中。我也许不曾看过这一句子,因为我以前可能从未确切看到这一日期。另一方面,我也许看过它。即便如此,我并不记得它。如果我以前看过它,能对我有什么帮助? 并没有什么区别,我知道给出人们出生日期的规则、实践。上述问题的措辞方式建议,要完全知道这一规则某种程度上就是要个别地接近所有过去和未来的日期,而不是掌握语言的实践。我从日期用法的例子中学会日期表达式,我以它们与我已习得的范例"共同具有"的东西为基础学会识别新的日期表达式和含有它们的句子。然而,在表达日期和交流人们出生日期的现有实践之外,在一个框架、模型或理论范围内也不存在对这一"共同具有"的形式刻画,因为我们大多数人在日常含义上所熟悉的实践正是逻辑上根本的东西。当我已习得规则时,当我掌握实践时,我不再需要范例,我遇到日期时就立即直接看到日期,正如当我掌握颜色的语言时,我直接看到我面前的树是绿色的。不存在"我如何理解"的问题,这一问题使人联想到我在解释或者在"默默地"应用某一方法或技巧或理论。

学会或"掌握"一种语言的规则就是要学会一种人类实践。在特定环境中确信地说"现在他已学会了规则,现在他能遵守规则",存在着逻辑标准,但这些标准并不是外在于实践的(即使隐含的)形式标准。

数学中关于实在论的争论

在达米特看来,关于实在论的哲学争论处在有关意义理论应采取什么形式的问题的根基,数学中直觉主义者和其他哲学的拥护者之间的哲学争论也不例外。某种程度上说,马丁－洛夫和普拉维茨与阐发一种意义理论的这一哲学动机相一致,而他们所提倡的证实主义理论旨在支持反实在论的数学概念。但是,在我看来,这些反实在论概念并没有远离实在论的预设。它们在证明和可证实性方面仍然包括一种实在论,为两种错误观念所强制。第一种观念认为,一个句子有一确定的个别内容,通过由其组成部分构成的方式来决定——或者倒不如说,存在着释义日常句子而坚持这一原则的一般方法。第二种观念认为,数学的和经验的命题以同样方式具有意义,而意义说明由此料想也适用于这两类命题。

弗雷格已认识到,将语词看做具有脱离句子环境的确定意义,已引起不少概念混淆。它导致对语词的某种意义关联物的阐释,而这引起了哲学问题。但是弗雷格本人在这方面也没有脱离被误解的干系。如果我们将句子看做具有脱离其使用形式的确定的个别意义,同样的问题也会产生。一个句子的某一"中心特征"或者一个句子的某一"典型证实"的概念是这一含义上被阐释的意义关联物。在达米特、马丁－洛夫和普拉维茨的意义理论中诱发这一阐释的是分子性原则,根据这一原则,应该存在着作为句子的某一个别意义的东西,它只引向句子及其句法形式。句子有一脱离其使用形式的(确定)意义这一错误观念引发了我们在这些意义理论中发现的有关证明和可证实性的某种实在论。在谓词演算或直觉主义类型论中,句子(或命题)的形式化足以被当做句法的规整化,以便应用分子性规则。这意味着,在这些形式系统中具有合格释义的句子的属性被看做有意义的或者带有确定的意义。对于这样"有意义的句子"或"命题"来说,在可能的(正确)证实的概念或命题的证明形式中,存在着公设的作为其意义的"中心概念"。一个句子的意义被看做由"什么可算作对一个命题的直接证实或证明"给出,而后者被设定为完全由句子的形式化决定。

这意味着,引入了表达式"知道什么可算作对一个命题的证明"的专门用法,按照这一用法,一旦它在谓词演算中有明显的形式化,我们就从语义说明中知道什么可算作对命题的(直接)证明。但是,这带来某些奇怪的后果。表达哥德巴赫定理和其他公开的数学问题的句子可以说像句子"7 是奇数"那样有着确定的数学意义。人们被诱导说,"我们知道哥德巴赫定理的证明意味着什么",或者"我们对哥德巴赫定理的证明可以给出一定的标准",尽管有一天可以解决这一问题的数学方法和概念甚至还无法梦想。为了满足一个句子应该有与其特定数学环境无关的确定的个别含义这一要求,人们被诱使以这一方式设定与命题的形式化关联着的清楚划定的证明领域,无视该领域可能是数学上不确定的这一事实。

使许多公开的数学问题成为公开的不仅仅是我们缺乏发现证明(或反证)的方法,这些证明实际上躺在某处等待去发现。这是经验的和数学的命题间的类比使人们误入歧途的关键之点。表达一个公开的数学命题的句子并不像一个经验的假设,后者虽然还无人能够证实(或证伪),但无论如何可以是完全有意义的经验命题。一个数学问题成为公开的,因为其合适的数学语境或环境还没有被发现甚或被发明,在该语境中,它变成合格并可解决的,这是有关其确切的数学内容的公开性,如同有关其真理一样。在数学史上,我们发现解决公开问题的许多例子,它们在于给问题的旧陈述以新的确切的数学含义。

在我看来,表达式"知道某一数学命题的证明意味着什么"的正常数学含义是,从见过的证明中知道一个证明像什么,或者有构造一个证明的方法,或者也许知道出于某种原因期待获得类似证明的其他命题的证明。在数学中知道做什么(证明数学命题)和知道如何做并不是概念上独立的东西(在它们对许多经验命题来说同样的方式上)。关于数学中一个新方法或技巧的发明如何最终决定一个旧的公开问题的证明意味着什么,有过许多例子。所以,在这一意义上,人们尚不知道(就我所知)成为哥德巴赫定理的证明意味着什么。

数学的和经验的命题间的这一区别当然反映了这样的事实,即数学不是一门关于"独立的数学现象"的科学,如同物理学是一门关于自然现象的科学一样。在我看来,证实主义语义学中对一个命题的清楚限定的可能证明领域的公设,是为数学提供这样的"数学现象"——由数学家探索的"对象"——的尝试。但是,这只是一幅图像,而出于已陈述的理由,我不认为这是一幅好的图像。这是关于数学语言如何工作的被强加的虚假观念。

我认为,一种数学上完美的有意义的同时又是不确定的(不可解决的)命题的观念是一种误解。这样说时,我当然不是要质疑有关不确定性和非完美性的著名元数学成果。我想质疑的是它们的解释,或者更具体地说,是这一解释中所包含的数学的有意义性或明确性的概念,它的内容大体如下:如果在某一形式系统如一阶算术中,一个数学句子有明确的释义或形式化(带着逻辑符号的通常解读),那么它就有确定的数学内容。尽管它为真或为假仍可能是一个问题,但有关它在数学上意指什么却没有问题。这来源于数学命题的"有意义性"概念,后者属于将数学语言基本上当做形式系统的概念——皮亚诺、弗雷格和罗素力图从细节上加以挖掘并可追溯到莱布尼茨的概念。这一概念错误的地方,不仅是认为存在着这样的形式上完全和递归地可决定的系统,而且是它预设数学的概念基础是在这一系统中而不是在数学实践上使用表达式和符号的现有形式中。现有的数学实践在这一传统观点中被看做概念上从属的东西,以形式系统的规则为基础被推导、阐释和证明。按照这一观点,人们忘记了形式系统的构造、运算和应用是数学实践的一部分,而这一形式化由此属于数学事业、数学构造;相反,当它相信给数学提供了逻辑基础时,它被给予了虚假的哲学地位。弗雷格在"数学思想的形式化的可能性"上与皮亚诺和康托尔共有这一错误信念。这正是他们数学中基础主义的基础,这一基础主义仍存活于"有一确定的数学内容"和"形式系统中有一合格的释义"这样的表达形式中。

算术命题的数学内容总的来说不是由其在某一形式系统如一阶算术或直觉主义类型论中的形式化决定的。这些形式系统在数学中没有例外的立场;仅当数学总体上在于其应用时,它们才会有例外(逻辑学家有时自命是这种情况)。从纯形式语义的含义上知道什么可算作证实主义语义学中某一形式的命题的证明,严重地依赖于适用特定形式化的语言的一般描述。这些语言描述被整合进连贯的说明系统以及系统的意义理论,这一点并不使它们更可靠地作为对数学内容的说明,因为系统的结构与形式化密切关联着。这些说明没有比形式化更深地触及命题的概念内容,它们从而使命题的数学内容很大程度上难以确定。

这一点的一个例子是对哥德巴赫定理的一阶算术的释义:"对于任何大于 2 的偶数自然数 x 来说,都存在着其和为 x 的奇数自然数 y 和 z。"按照证实主义语义学,这一命题的证明大抵是这样的方法,即对任何大于 2 的偶数自然数 x 派给两个数,并证明它们都是奇数而且其和等于 x。我不想说证实主义说明是错的,但只要对这一方法没有更多可说的或可知道的,那么这一语言上的说明就不能比起初的语言表达给命题更确定的数学内容。

如果证实主义的说明表达了"理解一个数学命题"或"知道什么算作对一个命题的证明"所意味的东西,那么我们的确理解费玛定理,我们也知道对哥德巴赫猜想的证明意味着什么。然而,使这一弱的理解概念成为对一个数学命题的某种理解的要点是什么?它怂恿这样的公设(实际上可能在数学上难以确定),即存在着可能证明这些命题的一个清楚限定的领域,这样做反倒激发了公然反对该公设的东西。

人们可以说,我这里反对的是数学的反实在论观点,因为它包含太多的实在论,因为它不能到达实在论错误的根基。这些根基是实在论的和证实主义的语义学共同的有关语言的基础概念,即依赖于将语言表达式仅仅看做表达式而无视其正常使用条件的观点。作为这一点的另一个例子,试分析有关数学中实在论/唯心论有关真理概念是否为"时态性的"、是否为"知识依赖"的争论。按照实在论观点,数学上的真理是"无时间性的真"和"独立于任何人知道其为真"。反实在论者或至少极端的唯心论者否认这一点。如果我们看看这一"无时间性"概念的用法,我们便发现像表达于如下陈述中的实在论观点,"如果一个数学命题为真,那么它在每一时间点上为真,甚至在它被(最终)证实前"。这表明数学真理的无时间性被理解为某种意义上恒时的而不是非时的。"无时间的"一词被使用得似乎可以有意义地将数学真理与时间联系,似乎可以有意义地将数学事实当做其他事之前、之后或同时的事实来谈论,而它显然不是。我们不能类似这样提问题："2＋2＝4 什么时候变为真，谁使它成为真？"数学真理是非时间性的。这是概念的而不是形而上学的评论。

当反实在论者坚持有关数学恒时性的实在论论点的对立面时，他在承诺与实在论者同样的错误。为了坚持作为积极立场的实在论论点的对立面或否定面，反实在论者不得不承认实在论论点是有意义的，即使他认定这是假的。在这方面，他与实在论者犯有同样的概念混淆。他不仅暗示将数学真理这样与时间联系是有意义的，而且暗示它们就是这样联系的。于是，海廷(Heyting)指出："一个数学定理表达纯经验的事实，即某一构造的成功。'2＋2＝3＋1'必须看做是下一陈述的缩写：我已感受到'2＋2'和'3＋1'所标示的心理构造，我发现它们得出同样的结果！"这儿人们倾向于问："如果其他某人将得到不同的结果，或者如果你将发现这些'心理构造'明天得出不同的结果，情况会如何？"①

如果讨论涉及的是有关发明数学概念的陈述的真理或者有关某人通过给出证明而确立数学命题真理的事件，那么情况当然会有所不同。如此经验的或历史的陈述当然是时间性的。我所讨论的争论涉及严格的数学陈述的真理；它们为真大抵是基于数学系统的规则，其中并没有时间的指称。这是对的，尽管事实上系统本身以及在系统内进行的数学构造都是由某些人在一定时间发明的。可是，有关数学规则和概念的后一类真理不是数学的而是历史的(从而时间性的)。

只是当人们将数学陈述的非时间性看做恒时时，这里才似乎产生了冲突——这样的冲突，似乎需要公设某一数学"实在"或事实领

---

①　A. 海廷：《直觉主义导论》(阿姆斯特丹：北荷兰，1956 年)，第 8 页。

域,它在时间流逝中保持永恒不变,先于概念发明和"发现"它的方法而存在;总之是"一种有待去发现的数学对象的客观领域"。然而,这样的数学事实并不在时间含义上先于、后于或同时于其他任何东西。无论何时陈述中存在着时间指称,人们就离开了严格数学内容的概念领域,或许进入了有关从事数学活动的(历史的或经验的)陈述领域。这样的陈述当然也由从事数学的数学家所使用,但两类陈述一定不能混淆。它们以不同的方式拥有意义。

在例如由马丁－洛夫所支持的唯心论论点"真理概念是知识依赖的"中,似乎存在着同样的错误。[①] 有关相反的实在论论点正确的地方是,某人证明一个命题的(历史)事件与命题为真之间不存在因果依赖。数学家并不导致其公理为真。提这样的问题"什么导致或造成数字 7 为奇数,什么时候曾造成"是没有含义的。真的数学陈述之为真不是一个经验的或历史的事实,某人知道一个陈述为真的事实肯定是后一类事实。我们这里有两种概念领域,从而不存在它们之间因果联系的问题。

有关实在论的论点,即数学真理在涉及其为真时并非逻辑上依赖于某人知道其为真,很大程度上是对的。但是,实在论者自己所理解的论点并不是这样的纯概念陈述;他们声称要表达有关"数学实在"的形而上学真理,他们将其看做"独立于我们而存在"。唯心论者要否定的实在论论点正是这样一种形而上学的或"本体论的"陈述,而坚持其对立面。唯心论者从而使自己陷入对问题的实在论解释,被迫以一定方式表达相反的观点,对"为真"和"知道"间的关系引入错误的因果解释。他们这样表达自己的观点,即只有某人知

---

① P. 马丁－洛夫:"命题的真、判断的证据、证明的有效性",载《综合》,第 73 期,1987 年,第 407—420 页。

道一个命题为真,才能有意义地谈论该命题为真。然而,对这一点,实在论者正确地回应道:我们的确谈论"有待发现的真理",显然可以有意义地这样谈论,所以……。但是,实在论者并不是在我们都会同意的含义上意指有关"有待发现的真理"这一论证。实在论者给这个论证以形而上学的解释,按照这一解释,"存在着现实的真理",即某种程度上"今天已经为真"而有待去发现的真理。可是,实在论者又在谈论作为时间性的数学真理;他们认为数学真理似乎处在时间中,将两个不同的概念领域混淆起来。争论以这一方式持续着,却没有触及处于核心地位的概念混淆。

所以,在我看来,实在论/唯心论争论中有关真理概念的问题植根于对数学的和经验的命题之逻辑规则的混淆,即努力将这些概念上不同种类的命题纳入一个意义概念和一个真理概念。这一努力的出发点是这样的语言概念,按照这一概念,应该存在一种形式规则系统、一种演算,作为两类命题的逻辑基础。

这一点阐明了在我看来处于实在论和唯心论的哲学立场根基的东西:对某些约定的表达形式的教条态度;给某些语言形式(如传统形式逻辑的形式和规律)以例外立场的趋向。这一态度——为传统和哲学家的职业精神所支持——也感到需要形而上学的证明。实在论者公设了语言形式的一种独立的形而上学关联,而唯心论者证明其对不同的语言形式的选择,借助的是对于对语言形式持教条态度的人来说内在的形式连贯性所意指的东西。这些"证明"一点也不是真正的证明;它们宁可说具有哲学仪式的特性。共同的概念错误是这样的观念,即认为语言是表达形式系统的等级结构,与其使用形式无关,以一个显著的系统构成其基础。正如我所力图表明的,这一观念最具体地显示于对日常语言表达式的释义和形式化的方法和技巧。

实在论/唯心论的争论是否为一个中心的哲学问题？是否每一自重的哲学家都应该在这一争论中选择其一？我认为，存在着该问题还不曾受到充分考虑的一个方面，即哲学唯心论和实在论首先是古典哲学战斗中的两个对立面。实在论的和唯心论的论点已具有作为战斗口号的功能，像通常在战场上和意识形态陈述中的战斗口号一样，它们夸大了自己的立场，从而制造了混乱（有时是反感）。我不相信，在实在论/唯心论的争论中存在着对于真理概念的概念澄清所需要的平和心境。我相信，如果这一争论中的困难能在纯概念层面上得以清理，就不会在"形而上学层面"上为争论留下什么东西，也不再留下形而上学的或本体论的立场需要采取。通过"清理概念层面的困难"，我指的不是数学含义上的概念澄清，即为谈论数学陈述及其真理构造一种新的概念系统或发明一堆"精确的"术语，我所谈论的是搞清楚数学概念的某些基本性质，然而，不是涉及数学概念的重构，而是涉及这样的概念，它们已出现在我们已有的（初等）数学实践中表达式的使用形式。就我们的困难是哲学的（而不是科学的或意识形态的）而言，只有在这一层面上它们才能得到完全解决，因为所讨论的哲学问题的最深原因是忘记了这一含义上的"基本原则"（例如像有关数学真理的非时间性原则）。也正是涉及这一含义（即已有的数学实践中表达式的使用形式）上的"基本原则"，我们才能谈论证明的"正确性"或"有效性"，无须使自己陷入某种过时的形而上学实在论、唯心论或相对主义。

数学中的形式与内容

FORM

AND CONTENT IN MATHEMATICS

字－语言与数学内容

对数学哲学中各种问题的一项有益探索是提出问题:数学中字－语言和习语有什么作用?"数学词语(mathematical prose)"对数学概念的概念内容有什么贡献? 表明数学中字－语言的使用是数学哲学中概念混淆的主要根源,正是维特根斯坦的成就之一。① 给表达式的某些形式样式以概念地位,存在着几乎不可抗拒的诱惑,它伴随着专门数学的概念和成果,但在实际数学中却得不到证明。这一事实在数理逻辑、元数学和集合论中最具破坏性。

"直觉说明"形式中的形式习语,对专门数学概念和成果的"形式解读",在数学活动中、在数学家之间的交流中具有重要功能。我并不想否认这一点。从实用的、教育学的观点看,使用更为生动的总结性表达样式也可能有用。在科学工作中给一种观念或问题以粗略的临时表达并概括出已有成果的内容,或许同样有用。但是,从字－语言中选择术语和表达式也是为了表达概念和成果的"重要性",对认为重要而有趣的东西给予表达式,作为进步的标志,②这一点是通过选择用词达到的,这些词标志着与数学的其他领域、与某些应用、与某一概念在其中起源的"直觉观念"的关联和相似。表达式的样式被用于突出某些发展线条,表达与某一传统的亲近并提议某些应用。(参见"连续性"、"线性空间"、"定理"、"集合"、"一

---

① 见斯图亚特·山克尔:《维特根斯坦与数学哲学中的转折点》(伦敦:克鲁姆·海尔姆,1987 年,第 5 章)。

② 字－语言的这一使用已受到我们时代的通俗科学所具有的显著立场的极大刺激。

一对应"、"扩张"、"超限数"、"有效程序"。)

在许多情况下,字–语言的表达式是通过一个数学语境转入另一语境或从一个数学用法转入另一用法而引入的,以类比、图像和部分的形式相似性为基础,从数学的观点看,这可能刺激人们提出对新的概念和方法的构造,但也很有可能造成概念错误,产生解读和概念内容的混淆。事实上字–语言的表达式给出熟悉的解读,并且在概念上不同的数学情境中都自然和合适,这一点使人们得出错误的观念,认为两个本质上不同的概念有着共同的概念根基(例如"有限列表"和"无限列表"有着共同的概念"列表")。

在数学中字–语言表达式的专门使用不需要任何错误的东西,但一定使用形式中表达式的精确数学内容或许不可转入另一用法(例如从实际的有限列表转入无限序列,或者从经验命题转入数学命题),尽管某些特征是共同的,尽管对表达式的解读可能提供相反的东西。

这种方式误解的危险也许不会出现于实际数学工作以及演算、证明和应用数学,但会出现在关于定理和形式规则的"证明"的讨论中、在结果的陈述中、在对人们所做工作的解释中以及在对所取得成绩的重要性的讨论中。这一证明和解释活动正是哲学家和数学家的任务发生混淆的地方,所导致的混淆是有关数学词语的概念作用的典型混淆。所有这些因而是数学哲学家必须极为小心的东西。他的首要目的是概念澄清而不是数学进步。他的目的是搞清楚已产生哲学困惑的现有概念和成果,而不是对新的数学概念和方法的构造做出贡献。在这方面,哲学的和数学的旨趣和努力迥然有别。不只是主题或严格程度或概括方面的区别,而是种类的区别。

哲学研究不能被流行的数学科学的目的和禀性支配,因为一方面是依照主导标准的数学进步的努力,另一方面是达到概念澄清的努力,它们可能是走向两个相反方向的努力。数学家的禀性并不关心数学中"平凡"的东西,将不能贡献于数学科学的某一分支进步的东西看做平凡东西予以抛弃。在数学家中间,对什么是平凡数学有着相当的共识,正如对什么构成进步有着相当的共识一样。但是,这一平凡数学对数学哲学家来说却尤为重要,他们所担心的不是数学科学的(某一分支的)基础,而是从事数学的现有实践。在关于"平凡"数学的各种观点中,即那些在形式逻辑和集合论的所谓"意向的解释"中至关重要的观点,哲学家能够发现许多概念混淆的根源。

哲学的和数学的努力本质上不同,这一点也可从以下事实中看出,即关于概念关联被数学词语误导的趋向是趋于一般性、统一性和完整性的数学家的典型努力所强加的,而通过引入"剥除"现有概念的这些特征的"理想化",却使数学家免于达到这些概念关联。这样的理想化由所提议的字–语言表达式的使用而频频提出(例如"无穷远点"、"无限列表")。通过专注于数学词语所提议的相似性(例如在集合或函数的一般定义中),哲学化的数学家借助于某种统一的形式概括便能够"眷顾"许多个别例子。他以这种相似性为基础构造一个数学系统,而声称——通过哲学的和数学的目的的这一同化——要呈现不同例子的共同概念基础,但这实际上是一种新的数学系统。

在数学和数理逻辑的大多数手册中,我们发现以这一精神所发明的概念的例子。例如,它们存在于一般数学概念,比如"集合"、"函数"、"证明"、"对象"或者"逻辑常项"、"对全部的 x……"、"存在一个 x……"、"和"、"非"、"蕴涵"的引入,这些概念在此处被呈现为数学概念,如同属于数学的根基一样。它们被错误地呈现为普通数学的基础概念,似乎它们是基于证明的已经确立的数学事实,即它们就处于这样的独有地位。实际情况是,它们是在所谓"数理逻辑和数学基础"的现代数学分支范围内被指派的数学概念,这些概念在那里是与数学基础的构造联系在一起的。这项数学事业曾经并且依然专注于澄清现有数学实践的概念基础的哲学任务。由此作为结果,这一数学分支在有关数学哲学的持续讨论中被给予有影响的显著地位。这促使许多人相信,数理逻辑和集合论的概念对普通数学来说是基础性的。于是,在关于数学基础的讨论中流行的数学观点依然是,数学是一个理论的家族,被看做命题的演绎系统(表达"必然真理"或者"有关数学实在的知识")。这一概念(它在亚里士多德传统中有其根基)严重地立足于与数学概念和成果的习惯化词语解读的相似性。这正是对形式逻辑的传统观念的应用,并且正是基于语言形式的相似性,经常跨越概念边界的相似性。

这并不是说数理逻辑中已获得的数学构造和成果有什么错处。麻烦的是,这些构造和成果的严格数学内容已经被错误的基础主张,被数学词语用于表达概念和成果的重要性的方式搞模糊。对表达式的"非形式"样式以及它们的"直觉意义"的解读,经常被赋予概念的重要性,而这些表达式的专门/数学使用却没有为这样的重要性提供证明。许多这类数学概念(例如逻辑常项和集合论概念)作为由它们所从属的演算或形式系统的规则和定理决定的专门概念在数学上是确切的,这一点当然是真的。同样真的是,存在着将普通的数学概念和成果释义为集合论和数理逻辑概念的技巧。但是,进一步主张这些概念对现有的数学来说是基础性的,它们是普通数学的概念基础的清楚明确的一部分,却并非数学成果。这依赖于接受这样的观点,即释义和形式化的方法和技巧相对于普通数学的现有概念来说是概念上确切的,"意向的解释"和形式逻辑的成果由此可立即应用于普通数学。这一预设显示于这样的事实,即当逻辑学家和哲学家比如谈论算术时,他们心中通常具有的是"一阶算术"或初等数学的其他某一形式表示,似乎这些形式化能够代替普通数学,不只是出于某一专门/数学的目的(例如在计算机科学中),而且是在有关实际数学性质的哲学讨论中。相反,正是从普通数学到形式表示的这一迁移,才是哲学上的关键步骤。

形式化的这些技巧的规则表达着产生形式化的概念上的本质特性,这样说是真的,但进一步主张它们显示着有关普通数学的现有概念和实践中概念上本质的东西,在许多情况下是错误的(正如后续研究将表明的)。说形式化将普通数学实践中所隐含的东西昭示出来,这总的来说是不对的。它们所昭示的是数学哲学家借以探究普通数学实践的观点和先入之见。

有人或许会说,这一基础主张没有包括对普通数学实践的完全一致性的要求。这一要求也许不可期待甚至不可能达到,因为日常实践是不连贯的、无法考察的,在某些方面是不精确和含糊的。为了给普通数学实践的某一分支提供基础,也可以说部分地在重构它、改造它、提升它。为了获得一致性和连贯性,可能有必要在某一方面部分地强加一种新的概念结构,以便改变实践,该结构要避免已导致哲学问题的成问题的概念和假设。带着这样的提醒,我们也许拥有对所谓"数学基础"这项事业的数学特征的最明显表达。数学的概念基础被看做有待构造的东西。概念上的澄清被看做数学的、科学的事业,其成败要由现有的科学标准来判定。这些成果要由作为科学进步或其某种应用的工具的有用性来检验。

这或许是"技术时代"中哲学的自然误解,这里进步是存在的一种普遍形式,这里进步意味着通过发明更精致和有效的工具和技巧对活动和实践的重构和改革——相信这些被改革的实践将增加我们的自由,使其更好地处于我们的控制和命令之下。但是,这一信念结果可能成为重大的幻觉,往往以这样的错误观念为基础,即认为人们在重构中捕获了有关原初实践本质的、重要的东西,认为人们同时消除了成问题的东西。

在数学哲学中,像在其他地方一样,概念上的澄清被看做重构时从不能触及真正的基础。在其指向数学进步的努力中,过快地忽略了概念问题可以彻底解决的关键之点。

已被认作(部分)数学基础的普通数学概念和各种系统的形式化并不是无中生有,它们不是产生于真空,而是在普通数学语言的范围内,并以错误地以为概念上没有问题的"平凡数学"(以它是数学上平凡的为理由)为基础产生的。推动基础研究的许多原初概念困惑依然在形式化的范围内产生,如同在普通数学中一样多。它们出现在声称不成问题的"平凡数学"的各种误解中和有关数学如何工作的错误观点中,因为释义和形式化的技巧正是以这些观点为基础。对术语和概念的选择反映着这些错误观点。尤其是,它显示着对数学中字–语言的概念地位的误解。[①]

作为理想化的超限

认为我们可以谈论作为一个集合的"所有自然数的整体",像在我们说有一个由 1、2 和 3 组成的集合的同样含义上一样——通过在不同情况下使用同一熟悉的括号记号来显示这一信念的证明是什么? 或许可以这样回答,即"一个集合的一般概念"应用于两种情

---

① 本部分所呈现的某些观念已出现于我的' *Unders kningar i matematickens filosofi*' (《对数学哲学的研究》)(斯德哥尔摩:泰勒斯出版社,1988 年)(仅为瑞典语)。

况,康托尔将一个集合的一般概念说明如下:[1]"借助'集合',我们将把任何全集理解为我们的直觉或思想中确定的不同对象 m(可称为 M 的元素)的总体 M。"

显然,词语"概念"和表达式"概念"应用于这一说明中,没有精确的数学意义。正是承认这一点,才把康托尔的概念称为"集合的直觉概念"。它并不是在"自然数"或"奇数"是概念的同样含义上的"概念",后者有基于自然数的演算的精确意义。但是,有一个共同的观点认为,我们拥有"集合的直觉概念",足以清楚地证明集合演算中的规则和记法习惯。我们以为有了"集合的直觉概念",以此为基础,集合论的某些定理就可以被看做得到证明(或显现)。

以"直觉概念"、"直觉意义"、"直觉证据"为基础,对形式规则证明的这一半心理学的谈论——这对分析哲学大多数分支的"哲学分析"来说已成为有影响的样式——是关键之点,这里对概念内容的混淆和对表达式形式样式的解读至关重要。它植根于本书前面已多次谈论过的对语言的同一种误解:一种语言被看是脱离其正常使用形式的表达式的形式系统。对"直觉证明"的谈论归根到底是这样的观念,即数学词语的字和表达式(例如"全"、"汇集"、"集合"、"部分"、"全部"、"对象"、"大于"……)自身仅仅作为表达式就有意义,独立于数学中某一特定的专门使用。它们由此可以迁移到一个新的数学系统,在那里它们可以被用于"证明"对专门记法以及定理和规则的选择。人们甚至理所当然地认为,它们可以被用于"一般定义",能够去关照或许还预料不到的情况。

---

[1]　'Unter einer "Menge" verstehen wir jede Zusammenfassung M von bestimmten wohlunterschieden Objecten unserer Anschauung oder unseres Denkens (welche die "Elemente" von M genannten warden) zu einen Ganzen'. 乔治·康托尔:《集合论》(柏林:斯普林格出版社,1895 年、1932 年,第 282 页)。

在王浩看来:"一个直觉概念……能够使我们在理想化的含义上概观(或浏览、或取遍、或汇集起来)构成概念外延的数量巨大的所有对象"。① 这指的并不仅仅是出于阐述和使现代集合论的文献戏剧化而做的随意评论,因为后面他接着说:"一旦我们采用了我们在理想化的含义上能够取遍一个既定集合的所有元素这一观点,那么对 SAR(替代的定理形式)的证明也就接近了。"②

然而,采用这一理想化的观念不是别的,只在于对表达形式的某些图像和相似性采取一种客观性的(错误的)态度,似乎它们实际地显现了某一(隐藏的)客观的数学实在。但是它们并没有显现。在大多数情况下,这些图像和相似性只与对数学词语的表达式的解读有关。跟解读一样,它们已脱离其可能有恰当应用和实际数学内容的语境。

表达式"概观"、"浏览"、"取遍"、"汇集起来"通常用于标示某些人类的(在这一情况中是从事数学的)活动。人们都知道,这些活动是在时间空间中完成的,不管它们是否"在我们大脑中"或借助纸和笔、或者在计算机上完成,因此可以实际"取遍"的步骤或对象的数量总是有限的。这是有关将这些表达式用作标示人类活动的概念上本质的东西,不管是在数学中还是在别处。我们不能远离这一点去"理想化",而仍然主张我们径直在谈论数学家完成的活动。这些表达式的"理想化的含义"必定是新的含义,它们在其中并不以其解读所提议的方式标示人类活动,我们不知道以其正常的"非理想化的"使用为基础的这一含义是什么。它们的理想化的含义并不是其本身固有的东西,像数学词语的表达式先于专门细节的发明和现

---

① 王浩:《从数学到哲学》(纽约:人文出版社,1974 年),第 182 页。
② 王浩:《从数学到哲学》(纽约:人文出版社,1974 年),第 186 页。

代集合论的规则一样。

因此,认为数学词语的这些以及其他表达式的"理想化的含义"可以用于证明集合论的定理和规则的目的,这样的观念全部是错误的。与"证明"一词相反,合适的词语应该是"启发"、"刺激"或"阐明",因为我们这里所拥有的更多是发明心理学而不是证明。某些直觉图像和语言相似性已导致了引入新的记法以及演算的特殊定理和规则。

按照集合的现代"迭代"概念,一个集合是以前给定的对象的汇集。但是,必须补充说,"给定的"一词必须在"理想化的含义"上来理解,根据这一含义,这些对象可能是由构成集合操作的"超限迭代"、"给定的",一个集合被看做在某一阶段由该阶段"给定的"对象生成。对每一自然数 n 来说,存在着一个阶段 Sn。在这一点上,对集合论的展示来说,我们经常发现唐突的注解:"没有理由停在这里,我们继续到下一阶段 Sw,它会把所有有限的阶段都汇集起来"。没有理由"停止"或"继续"一个迭代操作的过程,这是什么样的概念? 如果在谈论数学家实际完成的活动,那么我们当然总是处在某一有限阶段,不管我们是否决定停止这一迭代。某人可能想回答:"我们关心的不是这一迭代过程的物理实现,而是抽象的智能操作。人的思维能够对一个操作进行物理上不可实现的超限迭代。"[1]然而,这意味着什么? 人的心灵能完成"超限迭代"? 这一表达式只不过提议一些模糊的图像。如果看看这一表达式在集合论数学中所实际完成的东西,我们就会发现它大概意味着如下内容:我们可以将自己置于实际地迭代一个数学操作、实际地列出一个规则的特定例子的活动之外,相反,我们选定这一迭代过程的某个一般描述,为

---

[1] 在王浩看来(同上,第 324—326 页),哥德尔已清楚地表达了这一意见。

自己构成一幅将其结果当做"完成的全体"的图像。我们选定这一迭代过程的数学形式，并将这一形式的表达式看做似乎径直总结了"超限数量的个别步骤"。

如果它被理解为构成和使用一般再现物和图像的能力，那么或许可以说"我们能完成超限操作"。但是，这一能力很大程度上是与我们在语言中尤其在数学词语中构成和使用一般的总结性词语和描述的能力同样的东西。然而，在将集合论概念解释为理想化时，它们被系统地误用了。

在"越出"迭代一项操作的实际活动时，为了"概观"其结果（这意指：为了给自己构成外延图像），我们超越原初数学操作的概念边界，使自己置身于另一概念系统。在"别停止于有限"这一步中，"停止"一词由此意指完全不同下面情况中所意指的东西，即我们在比如自然数的概念系统内谈论停止或不停止一个操作的迭代。如果一项操作或一个规则作为不确定的、无终止的或不可完成的应用被给定，那么去谈论完成这一操作的结果以及本不存在的可应用性界限的应用就没有意义。设定这样一个界限不只是将原初概念"扩展"了一小点，它引入了其中每样东西都有另一含义的新的概念系统。所以，"应用或迭代一个操作"、"停止"、"继续"、"完成"等词语表达式的含义是本质上不同的，在这一语境中"无界的整体"被当做有界的。但是，对集合论的传统解释正是以这样的错误观点为基础，即在这些表达式的新含义扩展旧含义的意义上，它们有着共同的意义。这是对这些概念的原初的和逻辑的内容的混淆。

超限集合和基数的理论的某些特征的"悖论"性质，例如一定部分可能和整体一样大、将新元素增加到集合中没有使集合变得更大等等，并不归结于我们自己太在意有限集而来的偏见，因为整体大于其一定部分，新元素的增加使其更大等等的确是有限类的本质特性或外延。悖论的状况归结于错误的信念，即当它们应用于个别东西的有限类和应用于超限集合时，语词"集合"、"全体"、"大于"、"加法"等标示着同一概念。对这些表达式在其中出现的句子的同一读法并不表达同样的数学意义。超限基数的概念并不扩展我们在计算实际东西时使用的有限基数的普通概念。

可以说例如计算一堆书就是要通过将数字实际地与书联结起来"建立一一对应"。我这里质疑的对集合论的解释立足于这样的观念，即在建立超限集合的基数中本质上包含着同样的"一一对应"概念。似乎例如自然数和有理数间一一对应的建立是或能够对实际东西的计算或关联，尽管它不能"在物理上实现"（归因于我们的物理的和实践的局限），但它在"原则上"或"理想化的含义"上可以实现。我们似乎不得不与只能"在我们的思想或心灵中实现"的一种计算或汇集事物的操作打交道。

很显然，这一将集合论概念当做理想化的观点是与本书第一部分讨论的对心理概念的误解，尤其与心理和物理的二元论联结着，根据这种观点，思维是一种"不可见的过程"，它在我们心灵中运行，伴随着外部的物理行为。集合论的超限操作就被看做这类"心理过程"，它不受物理边界和有限的影响，只能具有不完全的"物理实现"。似乎有一种不受实际的物理条件限制的"心算"，这些条件限制着实际演算——或者更一般地说，在"演算"、"迭代操作"、"取遍列表的各项"等日常活动之外，似乎还存在着我们可以完成的所有这些活动的另一"心理版本"，可以说，在我们通常必须一步步走的地基上空飞翔。

有关超限操作只能在我们思想中完全实现的这一讨论涉及一些图像，它们不是有关某一实在的图像。这些图像也许对于数学范围内的交流来说有用，如同数学词语和比喻的说话方式在同样意义上有用一样,但在其哲学使用中,它们却被错误地应用了。

如果理所当然地认为规则的实际应用和数学家在集合论中计算时所完成的运算是"超限的"(不管意味着什么),那么"超限"一词便是令人误解的。集合论中演算、构造和证明的实践当然像在数学的其他部分中一样是有限的(和实在的)。

自然数和有理数的"一一对应"涉及对将自然数与有理数关联起来的数学规律或规则或技巧的构造,这一规则是不可确切地应用的。这一关联规则的实际应用,实际算出的例子数量,当然总是有限的,因而不存在像这一规则"完成的扩张"这样的事儿(这只不过也是一幅图像)。这一规则的"未实现的例子"标示着一再地应用该规则的可能性。规则不是由其扩张确定的(或由被关联的数的扩张确定),而是由遵守规则所意指的东西确定的。规则确定着其"全部"例子,是在遵守规则所意指的东西已被确定的含义上说的。作为一种演算实践,规则是确定的。

数学实在

在自然数和有理数的一一关联的方法被发明之前,有理数的"可数性"(denumerability)或"可数性"(countability)问题尚没有精确的数学意义。该问题不是"明确界定的"。在这种情况下,像"有理数可数吗"、"有多少有理数"这些问题的正确答案或许是:"只有有边界的才可以数,只有对有限汇集物来说,这些问题才有意义。"通过发明关联的方法,才能给予这些问题以精确的意义。关于关联的这一新的专门含义一定程度上可能得到实际计数的形式特质的倡导或启发,但这些问题的真正新含义的确随着这一方法产生出来。

有人可能想以下面观点为依据反对这一点,即"集合论的对象和结果是永恒的,正如其他数学真理一样。有理数是可数的这一数学事实并不是十九世纪末康托尔发明证明它的方法时才变成真理的,它以前总是也将总是数学真理"。这一哲学陈述倾向于制造混淆非时间性和无限延续的错误,对取自经验事件的语言的图像做不合法的使用。在这一反对观点中也有一点真理,就集合论的概念系统范围内不存在时间性而言这是正确的,在这一系统范围内不存在"何时这个或那个变成真理"的问题。但是,对这一问题也不存在"总是真"的回答。不能有意义地将(历史的或经验的)事件的逻辑语法应用于严格的数学内容。"二加二等于四"没有描述事件,甚至没有描述"无限延续"事件。在这一"等于"中没有时间性。所以,为了使"何时"和"总是"的问题和陈述有意义,它们必须被理解为涉及从事数学的活动和数学的历史发展。通过将在集合论的概念系统范围内工作的数学家的这些时间视角与非时间视角搞混淆,似乎产生了有关集合的存在和实在的问题,这些问题不是数学的或经验的,而是本体论的或形而上学的。我不是在否定存在着实际的无限和超限数这样的"本体论立场",并坚持相反的本体论立场,相反,我是在否认集合论的表达式和句子在这些观点所预设的方式上有意义。

支撑着这些"本体论观点"的关于数学表达式如何有意义的错误观点,是由将数学展现为类似于自然科学尤其是物理学的努力所强加的。数学被看做关于数学实在(描述为要么是外在的预先存在要么是"心理实在")、一种不适于直接观察的实在(也许除了在我们的"直觉"中)的一门自然科学。按照这一观点,数学的定理和原则变成了关于这一"数学实在"的一种假设(参见集合论中有关连续统假设的讨论),产生了对基础规则和原则的可靠性和证明的认识论问题。（显然正是以数学的这一观点为背景，才能形成希尔伯特论纲。）正是借助于与这一"实在"的联结（借助于"指向"它），在它们在证明或演算的技巧范围内被给予内容之前，数学词语的表达式和数学的"直觉概念"自身仅仅作为表达式似乎就含有确定的数学内容。

关于数学的这一观点似乎也出现在对古典数学的直觉主义批判中。在达米特看来，"在直觉主义数学中，所有的无限性都是潜在的无限性：不存在完成的无限。"[1]这是否为有关事物如何在"数学实在"中存在的命题或假设？对认为存在着"完成的无限"的"古典观点"的正确批判，不是说它恰好是假的，不是说它与实在的某一领域的事实不合拍，而是说它在"柏拉图主义者"在其中思考的方式上没有意义。柏拉图主义者认为，他们在谈论存在着完成的无限总体，如同我们谈论这房中的所有人组成人的总体时所使用的同一"总体"概念。但是，他们在概念上不同的表达式使用形式范围内依赖像"所有……的总体"这样的表达形式的相似性。如同超限集合和数的演算中"总体"、"集合"、"扩张"等词语的专门使用形式一样，当然的确存在着曾被（也许不幸地）称为"无限总体"的东西。然而，这毕竟不是"本体论的陈述"。

直觉主义者并非真的反对康托尔集合论的古典解释，他反对有关超限和数的数学的本质部分，假定数学必须有这一解释的话。直觉主义的批判从而（像古典的观点一样）以这样的偏见为基础，即如果超限集合和数的演算能够有意义、可以被"证明"，那么它必须在某种程度上被理解为在扩展有限类和数的普通演算，它必须以一些普通概念"总体"、"集合"、"扩张"和"数"为基础加以证明。布劳

---

① 迈克尔·达米特：《直觉主义基础》（牛津：克莱伦敦，1977 年），第 55 页。

威尔(正确地)认识到这种方式不可能有意义,但他却(不正确地)得出结论说,有关超限集合和数的数学的相当部分必须被修正。但是,有关超限集合和数的理论作为演算、构造和证明的新实践,仅仅由于其存在而被证明为属于数学。所需要的是对这些数学实践的概念性质的澄清,对各种直觉解释背后所实际完成的东西的澄清。这一概念澄清的任务并非提出新的解释;也不是要修正实际数学。①

一种流行的观念,即认为数是"抽象对象",而算术语言的数字表达式与这一对象处于外在的"记法"关系,导致可能性的实体化,即导致重新应用规则的可能性——总的来说"抽象对象"这一行话也是这样,它已在现代分析哲学中被如此普遍和全心全意地接受。将抽象对象当做一种谈论方式也许无害,在数学中甚至是实用的,在那里所真正计算的是专门细节,但是在哲学中这一专业用语却制造胡说,在那里它意味着具有直接的"本体论意义"。

康托尔超限集合观念对哲学的重要性从下列事实中看显而易见,即好象证明着无限扩张概念的"理想化"一词似乎也是证明抽象对象的哲学行话。理想化在这两种情况中都在于从实际应用一个规则的结果迈向关于"其所有应用"结果的图像,并将这一图像错误地解释为另一现实,一种"抽象实在"(或者像康托尔所称呼的"内在的实在")。②

正如认为应该存在着集合的一般概念一样,其中普通的有限类和无限集合是两个亚种,同样认为存在着"对象"的一般概念,其中

---

① 本书所呈现的对有关数学基础的各种观念的批判不应与直觉主义的和超直觉主义的批判相混淆,后者包括与现有的数学相对的极端的修正主义形式。这里所呈现的观点中无论如何不存在修正主义。我们的研究结果既不拒斥也不证明任何数学的结果或方法。本研究要解决通过从事数学所不能解决的问题。

② 康托尔:《集合论》(1883年,第181—182页)。

具体的物理对象和抽象对象例如数是两个亚种。但是，这是仅仅由语言相似性引起的概念错误。它是由集合论和谓词演算的释义技巧所强加的表达形式的相似性引起的。这是通过例如释义下面的语言形式而造成的，"所有对象 x 的总体如此这般……x……"以及"存在着一个对象 x 如此这般……x……"，这里表达式"……x……"被当做表达数学含义上的一个函数。集合/元素范畴以及函数/论证范畴被（错误地）指派了逻辑语法的普遍范畴的作用。成为集合的元素或函数的论证（或变元的值）被当做对象的这种一般概念的范式。

这当然是关于对象的新的专门概念，它完全不同于有关对象或事物的普通概念，例如，当我们说桌上有三个对象或物品：一本书、一支铅笔和一张纸时我们使用后一概念。认为产生于数理逻辑的关于对象的专门概念包含着类似这样的陈述，这一想法归结于这样的概念，即我们用以谈论我们周围普通事物的日常语言是集合演算或谓词逻辑的（隐含的）应用。（这里我们再次看到，本书前面部分批判过的有关语言的演算概念不只是"语言哲学"的主旨。它也是当前哲学中流行的"本体论观点"的基础）。

那么不存在抽象对象吗？当然存在着抽象对象！我们自己一旦搞清楚存在着抽象对象能够意味着什么，我们就必须承认存在着大量的抽象对象。它们存在于各种数学演算中公认的表达式使用形式以及现代哲学和语言学理论的各种专门术语（例如"集合"、"数"、"命题"、"可能世界"……）。我不是在支持某种"有限论的或唯名论的立场"，以至于主张"实在中不存在抽象对象"。我想说的是，谈论抽象对象的这一本体论解释是对一幅图像、一种比喻的说话方式的专门术语中的语词的误解。

潜在无限性

关于数学的直觉主义概念,存在一种"涉及潜在性的实在论"。在用于诸如"可证明的"、"可决定的"、"可计算的"、"可以被确定"词语的可能性概念中,存在着实在论的因素。直觉主义者或许认为,例如"n 是一个奇数"形式的任何命题都是可决定的,或者其真值可以被确定,即使在数字太大以至于我们没有办法实际确定真值的情况下(例如当它不可被确定时)。在这种情况下,真值"只能潜在地存在"。他们同样可能指出,π 的小数扩展到第 n 位潜在地存在着,即使当 n 如此大以至于我们没有办法确定位数时。我认为,某些直觉主义者甚至说,四色猜想的证明(据说 1976 年已被证明)比如五十年前就"潜在地存在着",下一年将被证明的数学命题的证明也潜在地存在着。

这一"未实现的可能性"概念是否有意义地作为数学中的存在概念? 我不这样认为。我反而认为,在不存在时间性的同一含义上不存在数学命题内容范围内的潜在性。"现实—潜在"的区分只有联系到时间或发展或"变成存在"或——总的来说——联系到变化时才有意义。而这恰好是我们在严格的数学内容的领域范围内不具有的东西。[①] 在这一概念含义上,数学命题所表达的东西是非时间性的、不发展的、无变化的、不可消解的等等。在这一含义上人们

---

① 这与这样的事实并不矛盾,即存在着有关时间现象或变化过程的数学样式。在数的序列的数学结构中不存在时间性的东西,我们通过这一序列测量一天的小时。当我们说在自然数序列中数字 3 紧接数字 2 之后时,在"紧接之后"这一用法中不存在时间性的含义。问"多久之后"便是没有意义的。

可以说,数学实体是固定的,或者它们"是在时间和空间之外"。带着这一也许太宽厚的解释,可以说这是柏拉图主义的数学概念正确的地方。但是,这一定不能理解为关于某种独立的数学实在的形而上学陈述,而是理解为关于数学概念的逻辑秩序的概念陈述。

请注意,"一个数学命题一旦被证明为真,过去和将来便一直为真",这一陈述可以被理解为,以比喻方式在确切表达着数学命题所表达的不存在潜在性、不存在未实现的可能性。一定意义上可以说,数学中的内容一旦是可能的,那么它就是现实的。某种东西可以被证明(决定、确定),只有以实际达到它的方法为基础。我认为,这是纯数学中可能性的基本的严格概念。这并不是要否认已确立的"数学词语"中存在着可能性的其他含义。人们有时例如确实将猜想、研究观念、开放问题看做(表达)数学可能性。然而,问题依然是,通过发现或发明解决问题的方法,给可能性以数学上精确的含义。正如已经指出的,数学中的开放问题不只是对于其真值开放的,而且是对于其数学含义开放的。算术中的词语句子在某一形式逻辑系统中有明确的释义,这一点并不必然意味着其算术含义是明显的。

我这里所说的或许有人听起来无法接受,他将数学看做关于数学现象的一门(自然)科学,即看做涉及确立关于某一不可见数学实在(心理的或不是心理的)的对象的命题真理。但是,这一思维方式依赖于数学词语、表达式的某些语言方式、与非数学语言的错误的相似性。我认为,将数学描述为涉及证明、计算和形式化的方法和技巧的构造和研究,是给予纯数学中所实际做的(如果不是说的)东西过多的真理图像。

数学中可能性的基本概念必须是"我们力所能及的实际上是什么",它必须指向从事数学的活动(这里有时间性、发展和变化)。

正是涉及作为这样一种活动的数学，我们才能明智地说，"存在着有待发现的数学真理"，从而表达关于未来我们如何期待去推进数学研究进展的确信。这样的陈述应该与"存在着新数学著作有待写作"这样的陈述比较，而不是与严格的数学命题比较。"一个数学命题一旦被证明为真，过去和将来便一直为真"，这样的陈述是以比喻方式表达一个概念真理，即数学内容中不存在潜在性。它是比喻的，是因为对联结数学命题内容的表达式不恰当地使用了时间样式。但是，在实在论的以及直觉主义的概念中，它被误解为有关数学事实性质的某种真确陈述。这一误解归因于对时间的和非时间的概念领域的同化。

这一同化在布劳威尔的数学形而上学中最为明显。他引入了时间发展概念，以此为基础直接谈论数学实体的"来源"、"发展阶段"、"成长"等，不是在历史含义上而是在严格数学内容的概念领域上谈论其发明。他似乎是在谈论他正指向的某种更高的、只在"直觉主义思维"中才接近的"心理实在"，其中存在着发展和变化。把数学主题看做静态的无时间性东西的"古典"图像，一种所有问题都已解决的"实在"，在布劳威尔直觉主义中被认为这一实在处在"成长过程中"的图像所代替。但是，跟古典图像一样，它也通过转移来自经验事件和现象语言的词语如"成长"、"进步"、"完成"等加以"修饰"，这些词汇在其正常的非数学使用中具有时间性意义。当允许这样的概念给"潜在的无限性"中的"潜在的"以含义时，便产生了有关数学主题的一幅图像，它像古典图像一样令人误解。

在亚里士多德哲学中区分"现实的—潜在的"之主要功用似乎在于阐释变化。在我看来，当前哲学中使用潜在性概念似乎正是亚里士多德实在论遗留的因素。它包含着可能性的"实体化"，所引发的问题类似于与传统概念"力"、"倾向"、"必然联系"联结着的问题。我认为,数学中"潜在性"概念的使用,如同在"潜在的无限性"概念中一样,属于那一时代的思维方式,那时还没有纯数学和应用数学的清楚区分,那时数学还是"数量的科学",甚至如同在康德哲学中那样。(记住:康德——据说他是布劳威尔的思想来源之一——从我们"对时间的直觉"中"推导"出数学概念。)对于这一概念,要使数学概念有意义,也就是要给它们具体的经验内容,或者至少将它们联结到其"自然的"应用,或联结到发明它们的经验的、历史的或心理的起源。一个数学概念如自然数序列,不能在物理上作为具体事物的序列实现,只会作为"总体"潜在地存在着。来自纯数学的概念在这里参照总体的具体的或物理的概念来解释,就是说,依据关于列表的这样的图像,这一列表"有力量以超越所有限制的某种方式去发展或成长"。

将纯数学的概念联结到经验的应用和概念来说明它们的这一方式属于过去。例如,在有限序列的纯数学理论中,实际存在的有限序列和因为不能完全作为具体序列实现而只潜在存在的序列之间的区别在这一含义上没有什么地位。充分界定的第二类序列与第一类序列一样完善和实际地存在,这是因为有限序列的纯数学概念是与作为实际事物序列的有限序列概念不同的概念。纯数学中的有限序列是一个表达式 a_1、a_2、……a_n,其中每一项都可以通过某一规律列出或被给予,我们根据一定规则对其进行操作。在有限序列的纯数学演算中数量 n 的大小与它作为一个有限序列并不相关。

潜在无限性概念是数学的和非数学的概念间的一种混血儿。该概念通常由这样的陈述来说明:"自然数 1、2、3……的序列在下列含义上是潜在无限的,即对每一自然数来说,都可以构造更大的数。"但这一说明中"可以"是什么意思? 这里包含着什么样的可能性概念? 显然,这不是某种物理可能性的概念,它并不指向通过专门手段进行物理构造的可能性,它不是在时间中进行的构造过程。
这一说明显然不是意指可以以如下方式有意义问的东西:"今天五
点构造的最后一个自然数是什么? 在它之后构造下一个数需要多
久?"于是,我们被诱惑着说:"我们这里涉及的不是实际物理构造,
而是只能'在我们的直觉或思想中'实现的'心理构造'。我们不得
不与表达式'可以构造'的'理想化的含义'打交道,我们在其中'抽
掉了'物理上实现这一构造的任何专门手段。"似乎这样一个构造概
念已经在我们的掌握之中。我们具有的构造概念的含义,大约跟我
们具有通天之塔的构造概念一样。"心理构造"这一说法是比喻的
说话方式,当它被直接采用时形成误解和胡话,而这正是我们何以
倾向于将其当做有关数学的哲学化的原因。

潜在无限性概念的说明中的"可以"是由作为自动概念系统的
自然数算术的规则所决定的概念。在表达式如"可以被构造"、"可
以被证明"、"可以被给予"、"可以被发现"等中的"可以"一词存在
着专门的算术使用。在这一使用中,不存在时间性的指称,所断定
的是对符号进行操作的算术方法、技巧或规则的存在(通常通过举出
一种情况的规则或形式的可能应用的例子来描述)。只有带着表达
式"可以被构造"的这一专门/算术含义,对"潜在无限性"的说明才能
获得正确而确当的意义。在这一情况中提到的特定的算术规则或技
巧当然是一种迭代后续操作的操作。

所以,只有在算术语言范围内,在这一概念系统范围内,对潜在
无限性的说明才有意指的确切意义。但是,它无法作为一种说明或
定义,因为它作为表达式的现有使用形式预设了有待界定的概念。
定义也不会比对符号进行操作的这一实践更清楚或更确定。它倒
不如说是对这一使用形式的一个本质特征的语言描述。然而,"潜
在的"一词是肤浅的,因为它暗示着从非数学语境中推出的一幅图

像;它也是易引起误导的,因为该词大概是被选用来证明一种说明和定义的。

康托尔认为他能够证明潜在无限性概念预设着实际无限性概念。康托尔的如下论证①也就如此为真,即算术规则应用的无尽序列概念(或者这样的观念的算术含义,即一个新的成员总是能够被构造)预设着由迭代操作生成的算术的序列概念。它将这一概念预设为演算的现有实践,后者作为表达式的使用形式的系统是完整的。当进行规则的新的应用时,似乎不是我们扩展算术的语言和概念系统——只不过是新的游戏开展时下棋游戏被扩展了。在康托尔看来,必定存在着无尽序列的"变化的范围(Ein Gebiet der Veränderlichkeit)",在此范围内它是变化的(或者像布劳威尔所说的"成长的"),但是这一"范围"不是对象的无限总体,而是算术的概念系统中演算以及构造和证明的现有人类实践。

潜在无限性概念得自从事数学、成功地举出一条规则的实际例子的活动,被看做属于时间现象并处于发展过程中。像康托尔的实际无限性概念一样,它是通过"越出"这一活动并构成作为"整体"过程的一幅图像而获得的"理想化"。但与康托尔的外延论图像不同(它集中于结果而不是活动),应用(或构造)序列的时间方面没有被抽象掉,而是在图像内保留着。其结果是形成人们所称谓的"动态的图像"。

这些图像哪一幅最好? 这取决于构成它的用法,要么图像在数学范围内对于某一交流目的来说可能有用,要么作为发明新的数学构造的灵感之源。但是,正如已经指出的,两种图像的哲学使用都是众所周知的错误。

---

① 康托尔:上引著作(1886 年,第 410—411 页)。

有限与无限

由所包含的作为个体元的成员决定的外延图像是康托尔集合论发明的主导观念。然而,这一图像对于其元作为实际事物给定的有限类或集合有恰当的应用。但是,通过"抽象掉"实际外延的这一本质特征,康托尔"理想化"了该图像,即认为元素必须被个体化,因而外延给定为有限的。

自然数在如下含义上当然是"我们的直觉或我们的思想确定的不同对象",即对于做出"x 是一个自然数"形式的陈述以及将一个自然数与另一自然数区分开来说,这些规则以遵守和应用它们的现有实践为基础是清楚明白的。但是,这并不意味着,每一数字是(或可以是)个体化的,即使在我们的直觉或我们的思想中。可以说,"大多数"自然数只不过是作为一再地应用这些规则的可能性而给定的,因为这正是自然数所是的东西,正是其所构成的"总体"。

作为算术规则的一个可能的例子,每一自然数是确定的和不同的,但不是因为可能的例子是规则在某处已经实现的例子,而是因为应用规则的那些实践是现实的,这些实践像表达式的使用形式那样,是"确定的和不同的"。遵守这些规则所意指的以及所构成规则的例子的在正常数学情境中从来不是问题。这样的问题属于数学家倾向于称谓的"平凡"问题。

集合论的传统解释以集合的两种不同概念的同化为基础。一方面,存在着由规则确定的集合观念,借助于某一方法或技巧用以构造(或"生成")该集合的元素。另一方面,存在着作为实际外延的集合概念,就是说,该集合由实际列表所包含的现实的和个体化的元素加以确定。康托尔关于"数学对象的永恒实在"的神话便是为了掩藏这些概念间的本质区别而设计的。

后一含义上的集合必须是有边界和有限的,因为其元素必须能够个体化。如果一个集合的元素只作为一条规则或确定的固有属性的无法实现的例子被给定(出于概念理由),那么它便不是后一含义上的集合。但是,"集合"的这些含义间的区别并不与数学中无限集合和有限集合间的区别一致。正如已经指出的,在有限的集合(和序列)的演算中存在着"有限"的数学概念,它意味着对生成的过程给予或设置界限或终点。然而,总的来说,或许不能在这一含义上列出或"取遍"一个有限集合的元素。确定的固有属性可能如此复杂,以至于"取遍其元素"这一表达式没有直接的意义。集合可能并不作为个体事物的外延存在,因而它是第一种含义而不是第二种含义上的集合。

作为"有限"的这些不同含义的例子,设 N 为一个大自然数,分析集合{0、1、2、……N − 1、N}。如果 N 足够大,那么在其中数为有限集合的含义就不同于两个括号间的书写符号(例如"0"、","、"1"等)在其中组成符号的有限集合的含义。后一类集合当然可以做到实际地列出其元素,但前一类集合做不到。两括号间的表达式作为整体表达着生成前一类集合的元素的规则。对于能被全部写出的列表来说,这并不是缩写。显然,我们可以将 N 描述为如此大,以至于这一不可能性就不只是有关我们专门手段有限的经验事实,而且(由人或机器)"全部写出"这一表达式将由此失去其(字面的)意义。无论如何,它在专门的数学含义上将是一个"明确规定的"有限集合。

在许多纯数学语境中,将一个有限集合当做实际的序列或外延的可能性是一种偶然属性,数学结果无法依赖这种属性,因此,它是一个不同的"有限集合"概念。这一含义上的有限集合只是表达式的一种使用形式，通常以 a_1、a_2、……a_n 的形式写出，属于有限集合的演算规则。人们或许被诱惑着将有限集合的这一数学概念当做可实现为个体事物外延的有限集合概念的"理想化"——通过抽象掉具体化的任何实际的专门手段而达到的理想化。这是我们前面已多次遭遇到的同一种概念混淆的根源：这一"抽象"将我们拖入完全（而不是部分）新的概念情境，因为具体化的专门手段正是将体现集合的可能性界定为实际外延的东西。作为一种实际外延的可具体化，不存在精确的"抽象含义"，不管是否有实际地完成它的技巧。相反，这一"抽象含义"也只是与我们拥有技巧的情境具有外在相似性的图像，正是这一图像将人们引向错误的观念，即我们能将任何数学上的有限集合再现于"思想中"或如人们所说的再现为"原则上"的实际外延。

词语表达式"可具体化为个体事物的外延"，只有以这样的技巧为基础才有精确的意义。因为再现的手段对"可具体化为实际外延"的含义来说至关重要，所以，当再现的任何手段都被"抽象掉"时，我们必定达到一个新的概念。有限集合的这一新的数学概念只由有限集合的数学演算的规则来确定，其中一些规则受到具体的有限集合的形式特性的启发，这一点告诉我们有关新概念的起源及其应用的东西，但它并不证明外延论的解释。

作为生成其元素的规则的集合概念和作为实际外延的集合概念间的区别，为不同情况中同样的括号记法的通常使用所掩盖。在分别用于偶数的集合和字母表的字母的表达式 $\{2、4、6、……\}$ 和 $\{a、b、c、……\}$ 中，符号"……"有着不同的逻辑功能。在后一种情况中，它是从"d"开始的字母表的字母的缩写，但在前一种情况中，它却不是余下的某种东西的缩写，它是无限的可应用性规则即"生成"偶数序列的规则的记法的一部分。根据传统集合论的外延论观点，符号"……"的不同逻辑功能被同化为一种。

在句子"'a、b、c、……'指示字母表连续字母的顺序"和"'2、4、6、……'指示连续的偶数序列"中，"指示"一词有着不同含义。对于第一个句子，我们可以说表达式"a、b、c、……"代表着独立于这一缩写列举方式而存在的个体事物的列表。该列表可以以如下方式给定：即它一点也不包括缩写该列表的这一或任何另一方式，而偶数的序列只作为构造序列的规则被给定（可以按照该序列的任一数字的形式来表达）。不存在像"偶数本身的序列"这样的东西，规则（或规则的记法）可以与它建立外在的关系。这一思维方式得自对"指示"的两种含义的混淆，就是说，将第一个句子的"指示"含义变成该词所有用法的范式（似乎只有词语中的相似性可以证明这一泛化）。

这里我们也可以看到将序列 x_1、x_2、x_3、……（可以说是谓词演算的个体变元）看做"无限序列"是多么令人误导。它（错误地）提示，我们不得不与同样的列表概念打交道，其中无限列表和有限列表是特定的情况，从而在同样含义上说，序列 x_1、x_2、x_3 是一个整体的一部分，而序列 a、b、c 是字母表整体的一部分，或者在同样含义上说，包含变元的无限序列以 x_1、x_2、x_3 为初始段，而字母表的字母序列以 a、b、c 为初始段。

与实际的、有限的外延和序列联结着的词语"部分"、"整体"、"列表"、"序列"、"包含"、"初始段"等的普通用法在这一专业用语中被转移进关于无限集合和序列的不同概念系统，这些词语在这里只具有比喻的意义，也许在数学范围内的交流中有用。但是，这一交流功能按照传统集合论的外延论观点被误解为具有概念的或形而上学的重要性。对这些词语的使用被理解为似乎它们在新的使用中仍保留着其普通意义。(似乎这些词语的意义脱离其使用而与词语联结着)。

这归结于将无限的集合和序列当做非常大的有限集合和序列的看法。错误的观念在于,实际事物的非常长的序列相比非常短的有限序列更类似于无限序列。有限外延和无限集合间的区别不只是量值的区别,而是概念上的区别。如果我要"取遍"从 0 开始的自然数序列,那么我会越来越远离 0,但我会越来越接近无限性吗?不会,这样说将是在错误地应用比喻的说话方式,因为这种情况中的"无限性"意味着不存在更为接近的终点或界限。

"'无限序列' x_1、x_2、x_3、……是否由三个实际的物理表达式和其他未具体化的表达式构成吗?"有人或许倾向于说,在从不能写出来的这一序列中肯定存在着表达式。似乎这些"未具体化的表达式"正一个接一个从左到右站成一排。某一未具体化的变元就紧紧地站在其后继者之前,后者就紧紧地站在前者的右边。但是,即使在未具体化的领域中是否存在"之前"、"左边"、"右边"这样的东西?这些未具体化的表达式在什么含义上存在?作为抽象对象?然而,如果说它们是具体对象,那么这正应该是本质性的东西。

当然存在着再现具体对象的一些图像,它们可能不是关于现实的具体对象的图像,尽管这些图像是现实的。存在着构造表达式的计划、范式和规则,它们可能不是在所有例子中都已实现的。在数学中,存在着这样的构造规则,它通过定义不能完全实现,就是说,在逻辑含义上,表达式"在所有例子中实现"没有意义。序列中"未具体化的变元"一点不能作为对象存在,但作为应用规则 x_1、x_2、x_3、……一再地构造表达式的可能性存在着。

通过考察变元在谓词演算中对公式进行运算和演算的用法,我们看到,个体变元的具体可实现性不是关于其本质特征的可实现性

（一点不像将自然数写成实际数字的物理可能性是数的本质特征那样）。用于构造变元的规则 x_1、x_2、x_3、……从而是一条数学规则。在语言表达式"对任何既定变元来说，总是可以构造出新的变元"中，"可以"并不指示物理可能性。它指称系列的数学概念，该系列通过运算的无限迭代而作为表达式现有的自动的使用形式加以生成。变元的"无限列表"可以——由于其正确性——"至多是潜在的无限"，这样认为是错误的。变元的序列与自然数的序列是在同样含义上无限的。所以，即使在形式逻辑的工作层面上，算术的概念系统仍然预设着本质的方式。

表达式"a、b、c、……"和"2、4、6、……"在不同意义上指代"对象的总体"。说在这些总体中有某种东西对所有对象来说为真，这意味着什么在两种情况中也有所不同。似乎可以合理地将如下的命题"在那个文本中出现了字母表的所有字母"理解为命题"'a'出现在那个文本中"、"'b'出现在那个文本中"、……"'z'出现在那个文本中"的合取。我们可以通过一个接一个检验每一字母的出现，应该能决定该命题是否为真。这至少是理解该命题的非常清楚直接的方式。但是，对于像"每一大于 2 的偶数都是两个奇数的和"这样的数学命题来说，一般性的这一含义便超出问题范围。不仅仅是出于实践的、专门的和物理的理由我们不能通过"一个接一个检验每一例子"来决定该命题是否为真——我们不能这样做不仅仅是一个经验的（或数学的）事实，而是表达式"一个接一个检验每一例子"在这一情况中没有意义。认为这的确有意义，认为这一表达式可以在同样含义上使用于有限和无限情况，要依赖将偶数的无限整体当做巨大的有限序列的虚假图像（对此，我们不能"取遍"其所有元素倒成了一个经验事实）。

将一般性通常解释为谓词演算的普遍算子就是基于这一虚假

图像。人们认为应该存在着一个一般性概念，表达式"对全部的"和"存在着"的一个含义，它对有限外延和无限领域来说是相同的。对一般性的这一含义来说的范式是上面有关"所有字母"的句子中所列举的偶然一般性。在外延论观点看来，一般性的这一概念被给予通过忽略如下事实而可应用于无限领域的"理想化的含义"，即我们不能直接"取遍"或"概观"比如关于所有偶数的一般命题的例子的"无限序列"——就是说，"不能"被误解为似乎只指代着事实的而不是概念的不可能性。这是一个关键之点，在这里形式逻辑的释义方法是概念上不确切的。试分析句子"任一个体变元出现在某一公式中"，该句子可能出现在形式逻辑的某一教科书中，对于"任一"的这一用法，这里的"领域"是由无限序列"x_1、x_2、x_3、……"给定的。通过"证实每一个体情况"来证实这一句子当然超出了这里的问题范围和类似的概念理由。这一句子中的"任一"并不表达一种偶然的一般性，像有关所有字母的句子中表达的一般性那样。任一个体变元都出现在某一公式中并不是偶然的。该命题的正确性从构造公式的（数学）规则看很明显：如果"x"是变元，"P"是谓词符号，那么"$P(x)$"是包含"x"的一个公式。这一命题的一般性是非偶然的一般性，它与通过大量操作的无限迭代在谓词演算中构造公式的数学规则联结着。从出现于比如命题"任一字母出现在本页的某一词中"看，出现在上一命题中的"任一"和"某一"因而属于不同的逻辑范畴。进而言之，"出现"一词在两种情况中有着概念上不同的含义。在后一句子中，该词有着指向时空中一个经验事实或事件的正常含义。但对于谓词演算中的句子或公式，却可以（比喻地）说"个体变元在绝大多数情况下从不会出现在时空中"。"出现"一词有着数学语言范围内确定的专门意义。它指向数学符号的形式（或构造），而不是指向可具体实现的形式、印刷的结构。

形式、功能与一般性

在数学中(正如在别处)一般性有着不同的含义。一方面,对以前给定的某种对象或数学构造来说,存在着一条规则或规律的一般可应用性含义上的一般性概念。另一方面,存在着一种对象或构造的(逻辑的)形式的一般性,我们通过列举诸如"任意例子"或借助图解的变元来表达它。例如,在一般性的前一种含义上,我们说:(i)在表达式 $a+b=b+a$ 中,对变元"a"和"b"来说,通过代换任一数字获得的每一数字等式都有效。但是,在这一陈述中,也存在着一般性的另一含义,它不是断定的而是显示的,就是说,对于数字等式的形式来说,在作为表达式的代数等式中,诸如(*) $1+2=2+1$、$5+3=3+5$、$4+7=7+4$ 等等的等式有着同样的形式。在有关其有效性的陈述中,这一种形式是这些等式的内在属性。它们在该陈述中正是以这一种形式给定的(或"识别的")。

一般性的两种本质上不同的含义被表达于句子:(1)所有等式(*)都具有形式 $a+b=a+b$;(2)所有等式(*)都有效。事实上,第一个陈述某种意义上是循环的(或"非论断性的"),这一点显而易见。为了通过描述词"等式(*)"理解仅仅所意指的或意向的东西,从而理解该陈述所说的东西,人们必须将该陈述看做真的。然而,等式(*)的"总体"概念不一定包含着其有效性。

可以说,等式(*)的"总体"是由属于这一总体的任一等式形式的全部等式决定的。在(*)中表达式"等等"包含着或预设着这些等式借以构造或识别为属于该总体的形式。要理解"等等"就要能够从总体中制造或识别新的等式,即 $a+b=b+a$ 形式的等式。

　　这里容易被这一"等式的总体"的外延论图像所误导。当我们说"这一等式属于总体,因为它有 a + b = b + a 的形式"时,听起来似乎我们在从一个命题到另一个命题进行指称,但我们不是。表达式"属于总体"和"有这一形式"只是同一个东西的两个不同词语表达式。这些等式的"总体"是其共同的形式,而这一形式不是"抽象的或心理的实体",而是生产或识别这一形式的等式的(规范的)实践。不存在定义它的非循环方式。可以说,形式"本身"是由算术符号的现有使用形式确定的。

　　句子(1)和(2)中表达的一般性的不同含义被一种(逻辑)形式广泛流传的错误混淆为一种功能,从而被当做可一般地应用于以前某种既定对象的形式的一般性功能。显然,将表达式"a + b = b + a 形式的所有等式"的内容看做"个别等式的无限集合"的外延论图像产生于将这一形式当做一种函数或一个谓项的混淆,它的"外延"指向该表达式所指称的对象。

　　人们一般承认,将这一集合看做一种实际无限性时,存在着某种奇怪的东西。其元素是等式,是具体显现的事物,任何这样的集合都是有限的,最多是"潜在无限的"。按照外延论观点,作为一个数学"事实"的加法交换律从而没有恰当和完全地表达于陈述(1),它指称像数和等式这样的"语言的或句法的实体"。① 加法交换律的正确的完全陈述如下:(3)"对所有自然数 x 和 y 来说,x + y = y + x。"但是,即使在这一命题中,在将变元 x 和 y 用作自然数的变元时,或者如我们说到的,在将 x 和 y 用作"任意的自然数"时,也存在着不是断定而是显示的一般性。将"x"和"y"理解为数的变元时所

---

① 有关"语言的实体"这一观念,与"非语言的"实体相反,被当代哲学和语言学理论普遍接受,归因于将数学表达式的(逻辑)形式看做物理的前数学结构的错误。这一观念起源于希尔伯特的元数学,将在本节后面加以讨论。

包含的是什么？或者,所归结的同一东西是什么,拥有自然数的概念指的是什么？这是要知道数的(逻辑)形式。自然数概念是一种形式而不是功能,数的变元表达着这一形式的一般性,它在现代纯数学中由规则"0 是一个自然数"清楚地显现出来。(4)"如果 x 是一个自然数,那么 Sx 也是一个自然数",这里可以理解为,"Sx"指代着完成给 x 一个紧邻的后继者的运算结果,两个连续数字间的内在关系。在《逻辑哲学论》中,维特根斯坦以如下记法表达了这一规则(或者数的这一概念)①:[0、x、x+1]。它也可以用其他方式表达,例如:0、S0、SS0、……,或者如下方式:0、0′、0″,等等,在数学词语中,我们可以称它为"由直接的后续操作生成的自然数的系列"。由变元"x"在前两个位置以及符号"……"和"等等"在最后两个位置表达的一般性是通过操作生成的系列形式的一般性。它并不表达一个函数或规律对某些独立的给定对象的一般可应用性,因为这恰恰是自然数在所表达的算术中看做被给定的缘故。②

　　(自然数序列的)同一形式被表达在这任意方式中,因此这一形式不是表达式的物理形式这一点应该很清楚。但是,无论哪一种都不直接是"个体抽象对象的无限序列的形式",因为这只是一种比喻。我们也许想把这一形式当做如此语境中数(而不是表达式)的形式来谈论,这里选用来表达它的特定记法无关紧要(这也许是普

---

① L. 维特根斯坦:《逻辑哲学论》,D. F. 皮尔斯和 B. F. 麦克奎尼斯(翻译)(伦敦:罗德里奇 & 凯根·保罗,1961 年),§6.03。

② 有人被外延论观点冲昏头脑,可能会想反对说,我在混淆"使用和提及"、"名称和被命名者"。但是,将"数字"当做与作为"抽象对象"的数处于"记法"的外在关系的名称的观念,是误用本体论解释的例子,这一误用产生于将形式当做功能的混淆。它以将"记法"当做一个(命题的)功能或一个谓项的外延的观点为基础。然而,这一观点会产生这样的问题,即"这一功能的论证如何被给予或决定?""它们的逻辑形式是什么?"很有可能将自然数的形式当做一种功能,但这并不是自然数在初等算术的普通命题中被看待的方式。

通数学的正常语境）。然而，这一形式只作为表达式用法的本质特征才存在，它不是本体论行话含义上的"抽象实体"。自然数序列的形式在现代纯算术的语言中构成关于数的符号用法的本质特征。

要拥有或掌握自然数的概念（或者要知道使用"x"作为自然数的变元意味着什么）并不是要能够陈述本质性的东西，或者要指向规则（4）（或其某一其他公式）。这既不是必要的也不是充足的条件。相反，需要的是掌握算术演算的实践，能够以例如规则（4）（或其任何可选用的公式）那样清楚明白的方式对符号进行运算。

但是，更为重要的是，在这一含义上掌握自然数的概念是理解和遵守规则（4）（或其任何可选用的公式）的一个必要的前提条件。这些规则（以及表达于算术的形式化中的其他规则）都是在算术语言的范围内表达的。通过在这一用法中实际使用这些符号，这些规则表达符号的使用形式的本质特征。这样，作为自然数概念的定义或（理论的）说明，它们是循环的——就是说"定义"和"说明"两词都被误用了。它们描述表达式的使用形式的概念上本质性的特征，但只是在使用形式的范围内，而这正是必须做出的，因为作为演算实践的这一使用形式是"逻辑基础"。

将这一点与罗素所谓的"恶性循环原理"相比较："没有整体能包括只有根据这一整体才可定义的元素"。① 在我看来，该比较提供一条与非论断性的定义联结着的解决概念问题的线索。这些问题产生于对作为函项（或集合）的形式的误解，因而似乎可以合法地追问对形式的定义，如同在同样含义上合法地追问对函项的定义一

---

① 在《数学原理》第 1 卷（剑桥：第 2 版，1950 年，第 37 页）中，罗素将这一原理陈述如下："包含一个集合的全部元素的集合必定不是该集合的元素"，以及"假定某一集合有一个整体，如果它只有根据这一整体才可定义的元素，那么所说的集合便没有整体。"

样。但是,(逻辑)形式是不可定义的东西。相反,正是在数学表达式的现有使用形式的背景上,才存在着如同数学中所界定的东西。[①]

所谓语义悖论(比如理查德悖论)是根据语言的句法观点产生的,在那里表达式的形式被看做命题函项,由作为论证的符号的句法结构加以定义。形式被看做一种记法的外在属性。例如,一个句子被看做词的有限序列,指代着组成结构的某些外在标准。这显然是当一个人在理查德悖论的表述中谈论"可以根据来自某一词典的有限数量的词构成并定义为实数的所有句子的集合"时所使用的句子概念。对于形式的句法的框架范围内被陈述的这一悖论的论证没有什么错处。但是,要将"悖论"体验为悖论性的,人们必须受到作为记法系统的数学语言的图像的迷惑。人们必须相信,数学句子的内容是由仅作为表达式的句子而不是由其使用形式决定的。[②]

"自然数"、"序数"、"集合"、"函项"等一般概念不是属于功能含义上的概念(或谓词演算含义上的谓词)。它们是数学构造的不同形式,或者是数学符号的不同使用形式。"逻辑悖论"实际上产生于形式和功能的混淆,像这样的形式就被看做似乎它们是功能。对数学构造的一个形式来说,表达式的一般性被误解为一个功能的一般可应用性,一种由谓词演算的普遍算子表达的一般性。

如果表达式"f是一个函项"被当做f的一个函数F(f),那么看起来这一函项F可以被应用于自身,产生有意义的真命题"F(F)"。

---

① 也许可以说,这一点显现于非论断性定义的"非构造性的"特征,即显现于这样的"定义"特征,即所被定义的东西必定某种程度上已经存在。如果一个数学对象只能根据作为元素的整体来定义,那么它一定已经在那儿。所真正必须存在的是表达式的使用形式,因为表达式新的使用形式只能显现于作为新实践的存在,而不是在旧的使用形式范围内定义它。

② 正是在这同一视角范围内,哥德尔才据说构造了一个"说它自己是不可证明的"句子。有关语言的句法观点的问题将在第9节进一步讨论。

如果这一点有意义,那么这就是为何不应该也有意义地形成命题函项"非 f(f)"的缘故,它产生罗素悖论。

"f 是一个函数"形式的句子在如下含义上并不表达"关于数学事实的命题",即在这一含义上我们可以说,例如"x 是一个奇数"形式的句子表达着数学事实。正是语法命题断定着数学符号系统范围内 f 的位置。它断定,"f"的位置是在 y = f(x) 形式的表达式中,这里 y 是按照某一规则或规律(在演算范围内发展的函数记法中) 通过对函数 f 求值而获得的值。符号"f(x)"也表达一种形式,即将一个函数应用于论证的结果的形式。它指代着一种运算,而不是两个变元"f"和"x"的函数。

在所谓的二阶谓词演算中,这里人们不仅有诸如"(∀x) f(x)"的公式,而且有像(∀X) X(x) 这样的公式,此处 X 是"一阶谓词变元",存在着将应用当做一种运算和一种函数的混淆。在后一公式中,"f(x)"被看做似乎它是"f"的函项。

一个符号指代一种运算还是一个函项,以及如何使用它,依赖于其在演算中的地位。① 在《逻辑哲学论》用于自然数级数的形式的记法中,"x + 1"指代后续的运算。这样,它在概念上不同于和先于函项"x + 1",我们可以依据自然数来定义它。设自然数的级数出现在(5) 0、S0、SS0、……形式中,这里 Sx 是后续操作。于是,我们可以根据如下规则定义函数 s(x),即对每一自然数 x,s(x) = Sx。如同对自然数的所有功能定义一样,这一定义"预设"变元 x 的值的形式,即自然数级数的形式。尤其是,它预设后续的操作,必须不与函数 s(x) 混淆。后者是概念上第二级的构造。

---

① 对于运算和函项间的这一逻辑区别,参见维特根斯坦《逻辑哲学论》,§5.2 以下。

从外延论的观点看,运算 Sx 和函数 s(x)间的逻辑区别消失了,而对许多实际的数学目的来说,这一区别可能并不重要(即观察不到或显示不出这一区别不会导致错误的演算)。但是,对于有关数学基础讨论中的原初问题来说,这一区别却具有根本性和重要性。例如,将后续操作当做一种函数的误解显然是如下错误观念的根源,即自然数级数的无限性可以被陈述为数学命题、一个"无限性的定理",似乎数学命题"所关乎的"正是有关"抽象的或永恒的实体"的一种事实。

自然数级数的无限性是其逻辑形式的一部分。成为无限的并不是其外部属性之一,它就作为无限被给定。它是规则(5)所表达(不是陈述)的东西的一部分。将表达式"Sx"理解为指代着后续操作,它像符号"……"所指示的那样可以无尽地迭代,就是要如同下列词语所可能表达的那样去理解:"每一自然数都有一后续者"。

当这一词语句子在下面谓词演算的解读中被释义时,即"对每一自然数 x 来说,总有另一自然数 y 作为 x 的后续者",看起来我们似乎有一个数学命题需要陈述,即自然数的级数是无限的。似乎它可以是自然数序列是否在事实上为无限的问题。自然数概念在这里似乎被理解为一个命题函数,我们无法知道其中要真正加以应用的论证的数。

这是个误解,因为仅当自然数的级数作为无限已给定时这一命题有着意向的内容。它是在算术表示范围内被表达的,这里一个数和其后续者之间的内在关系已经被表示为一个(命题)函数,这一函数对自然数来说已被定义,并预设着自然数级数的形式,因而它是无限的。

这是另一个例子,它表明,谓词演算和集合论的释义方法在概念上是不确切的。更一般地说:现代形式逻辑以将逻辑形式再现为函数的观念为基础。作为数学的理论构造和概念的(逻辑的)澄清两种任务混淆的结果,人们可以在这里谈论"作为函数演算的逻辑概念"。

这里讨论的有关无限性的错误导致罗素做出形而上学的无意义陈述:"不能确信地说,世界上实际存在着任何无限集合。认为存在的假设就是我们所谓的'无限性的定理'。"①罗素还将"无限性的定理"表达如下:"如果 n 是任一归纳的基数,那么至少存在着一个含 n 项的个体的类。"②如果"个体的类"指的是实际事物的类,那么这是假的,否则便是胡说。③ 如果"个体的类"指的是"对象或元素的集合",像这一表达式在集合论的纯数学理论中所使用的那样,那么该陈述是真的。它表达着这样一种方式的特征,即我们在其中引入和运算我们称为有限集合的数学构造物,对该陈述也不存在比如下事实更进一步的证明,即这一数学实践存在着并被认为重要和有趣,它有许多有用的应用,等等。

如果我们必须称它为"存在着无限多的自然数"的事实,那么它是有关已确立的从事算术的实践的事实,但它不是人们已将其采用为一个约定、陈述为一个定理或引入为有关某一"实在"的假设的事实,宁可说它是有关算术符号所使用的方式的(规范)事实,以此为基础,存在着像(5)中所表达的规则或概念这样的东西。要通知某人像这样的事实并不是要限定或说明某事,而是要向他表明某些事情是如何完成的。借助表达式中各种使用形式的例子,要教他知道

---

① B. 罗素:《数理哲学导论》(伦敦:阿兰·尤文,1919 年),第 77 页。

② B. 罗素:《数理哲学导论》(伦敦:阿兰·尤文,1919 年),第 131 页。

③ 为了这里不变得混淆,我们必须在"实际事物的类"和"事物类的图像"之间进行仔细区分。罗素很可能以这样的方式使用"世界"一词,即在他有关世界的科学图像中,事物也是"该世界中的事物"。

从事算术的某些实践是如何完成的。在这样的课程中,也被用于表达规则、做事的方式,也被用于表达算术符号的使用形式的一般性。

正是作为函数的符号体系的逻辑语法的一部分,一个函数才预设着其论证。在我看来,这正是有关罗素的逻辑类型学说正确的地方。只有当其论证的逻辑形式被确定时,一个函数才被确定。一个函数是以前给定的某种(或某类)对象的函数。在这一含义上可以说,一个函数的论证概念上先于该函数。这对于对象(构造物或表达式)的逻辑形式是不同的。对象并非在概念上先于其形式;它们显现为或给定为这一形式的对象。只有作为对象的形式,形式才存在。

我们也可以使用词语表达式"逻辑类型"代替"逻辑形式"。但是,我们不会由此避免本部分所讨论的问题,因为正如对于作为函数的逻辑形式的表示来说,术语"逻辑形式"在现代数理逻辑中有专门的用法一样,在同样方式上对于逻辑类型的数学表达式来说,术语"逻辑类型"也被用于类型理论(比如罗素的)。表达式"逻辑形式"和"逻辑类型"的这些专门的/数学的含义与它们所意向表达的东西的混淆,也是有待(在数学上)构造的数学的逻辑基础的错误观念的展现。这一混淆在这种情况中尤其严重,因为正如已经指出的,逻辑形式(或逻辑类型)是不可定义或表示的东西。逻辑形式不能被看做最终在一个理论范围被决定,或者由形式规则的一个系统来决定。这样的表示总是概念上次要的东西,它不属于"逻辑基础"。

我们可以说,某一自然数就是对于这一自然数而言的表达式的使用形式,但某一逻辑形式却不是对于这一类型而言,而是对于这一类型的表达式而言的表达式的使用形式。不存在像形式特质"X是一个逻辑类型"这样的东西,正如存在着比如"f是一个函数"或

"n 是一个自然数"这样的形式特质一样。正是在数学的类型理论中,引入了有关类型的表达式和有关对这些表达式进行演算的规则。在这样的演算中,可以有意义地谈论各种类型的逻辑类型(即该演算中类型表达式的用法的逻辑形式),如果"类型"一词的逻辑的和专门/数学的使用间的区别没有被观察到,那么就会产生"悖论"。①

数学归纳

　　希尔伯特自己有时认为,为了证明像下面那样的算术命题,似乎我们必须"假定存在着无限的总体":(6) $\forall x(1+2+3+\cdots\cdots+x=1/2x(x+1))$。这一观念产生于对这一命题如何有意义的图像的误解:"这一公式包含无限多的命题"(像希尔伯特在类似情况所认为的那样)。②

　　关于命题(7)($\forall x<5$)($1+2+3+\cdots\cdots+x=1/2x(x+1)$),可以说它"包含着有限数量的命题",即四个等式:$1=1/2^*1^*(1+1)$;$1+2=1/2^*2^*(2+1)$;$1+2+3=1/2^*3^*(3+1)$;$1+2+3+4=1/2^*4^*(4+1)$。但是,一般命题(6)并非"将(7)扩展为无限"。如果认为是这样的扩展,那么就是将无限序列看做非常大的有限序列。在命题(6)中,我们不得不与"对全部的 x,……x……"的概念上不

---

① 皮尔·马丁-洛夫(《直觉主义类型论》(那波利:比布里奥波利斯,1984 年)的类型论的较早版本包含着定理 VV,解读为:"所有的类型 V 的类型是类型 V 的对象",它已表明导致一种矛盾。

② D. 希尔伯特:"论无限",载 J. 冯·赫耶诺特《从弗雷格到哥德尔:数理逻辑资料手册》(麻省,剑桥:哈佛大学出版社,1967 年),第 369—392 页。

同的含义打交道,它在这一词语表达式的不同使用形式范围内即由归纳证明的语境范围内加以决定,它与作为迭代运算生成的而不是作为个体对象扩展的数的总体概念联结着。

希尔伯特依赖关于无限的外延论观点。他提出问题的方式预设,关于所有数的命题(6)有一个精确的数学意义,以与有限情况的类比为基础。他被这样的观念所误导,即词语表达式"对全部的 x,……x……"在这些不同使用形式中、在有限的实际扩展的语境中以及在无限的语境中有着永恒的意义(作为对"逻辑常项"的解读)。他被引导着认为,因为我们不能"取遍"和"概观"无限总体并通过直接观察证明"它们存在",所以我们似乎被迫采用其存在作为一个假设、作为一种方法论,"理想的"数学命题的含义就以此为基础。

要基于有限情况给这一方法论以认识论的证明,是希尔伯特元数学论纲的目的。所以,显然希尔伯特论纲从一开始就以关于有限的根本错误为基础。更一般地说,希尔伯特对"真实的"和"理想的"命题之间的二分法建立在我已讨论过数次的有关数学中"理想化"的错误观点之上:仅仅在数学类比的误导下,高等数学的"理想概念"被看做在扩展通过"抽象"获得的"真实"概念,或者被看做捕获着其据以"理想化"的概念的本质属性。正如我在许多例子中已表明的,真实情况倒是,原初概念的本质特征在这些理想化中被忽视了,而这些理想化由此是全新的概念,它们不要求从关于理想的对象或方法的任何神话中得到支持。

按照希尔伯特对命题(6)的一般性的解释,它表达一种"偶然的一般性",即像有关自然中某种现象的经验一般化那样的一种一般性。但是,算术中自然数概念的精确含义是通过一种演算的迭代而生成的系列的含义,那么由有限扩展推导而来的这一偶然一般性不会是关于数的一般性的精确含义。这并不是说,外延论图像是与作为数学问题的命题含义完全无关的,例如,在达到对该问题的公式表达和在寻求对该命题的证明时。然而,因为外延论图像不是直接可应用的,一般命题必须被给予精确的数学含义,这正是其由数学归纳加以证明时所做的。

在这一证明中关键的地方是归纳步骤:我们假定等式对任意数 n 有效,那么对 n+1 来说,我们演算如下:$1+2+\cdots+n+(n+1)=1/2n(n+1)+(n+1)=(n+1)1/2n+(n+1)=(n+1)(1/2n+1)=1/2(n+1)((n+1)+1)$。有人可以说,在这一证明中存在着有关无限总体的存在的假设,即在结论中,从 n 到 n+1 的步骤对全部的数 n 都有效。这一"本体论的"解释再次将涉及有关归纳步骤的一般性的观点看做"包含无限数量的个体演算"(似乎我们在几行中已着手"取遍"所有的数)。归纳步骤的一般性被误解为一条规律或程序对作为个体事物的数的一般可应用性,而实际上它是算数演算的形式的一般性。

如果我们考察这一证明是如何进行的,我们将看到,归纳步骤是数学表达式 $1+2+\cdots+n+(n+1)$ 到数学表达式 $1/2(n+1)((n+1)+1)$ 的演算或转换,在这一转换中,除了演算和替换的普通规则外,等式 $1+2+\cdots+n=1/2n(n+1)$ 已经被使用了。归纳步骤的一般性被表达在作为变元、作为指代(如我们所说的)任意数的字母"n"的用法中。

令人误解的看法是认为,变元某种程度上表示("代表"或"覆盖")"所有的个体数",归纳步骤从而以个体数表示着无限的数的演算,每一步都表达着相同形式的演算。但是,无限的数的演算的观念没有意义,即使这些演算是一致的。实际上不存在这样的东西(如众所周知的)。其中所用的归纳步骤和规则总的来说不能根据对个体数的数字演算还原或证明。相反的观念是这样的错误的一部分,即把变元所表达的一般性当做一条规律对个体对象的整体的一般可应用性。变元的函数并不是要表示而是要根据对数的表达式(包括包含变元的表达式)进行演算的规则和实践加以替代和演算。这些规则和实践对归纳步骤的含义和正确性来说是最终的基础。

我们不必认为似乎使用变元的算术演算只是不含变元却含"无限长的数字演算序列"的算术演算的一种方便的缩写。

我不是说,变元"n"只是一个字母或印刷结构。它是数学符号,某种使用中的表达式,也有可能(但也许不方便)使用比如数字"2"作为演算中的变元或任意数,就是说,如果数字 2 在该演算中没有其他属性被使用而不像通常具有其他数字的特征的话。这表明,正是演算中字母"n"的特定用法使其成为一个变元。

有人或许想说,"变元 n 覆盖对象的领域,即覆盖所有自然数的总体"。这一表达式不需要被理解为指向外延论图像,而像在数理逻辑中(尤其在模态理论中)所使用的那样,它在这一方式中得到确切的理解。这一表达式在普通数学交流中可能无害甚至有用,但当它被赋予概念的或哲学的重要性时,便误入歧途。

变元"n"和证明中的表达式当然的确有物理的或印刷的形式,但这一形式对表达式来说是非本质的和偶然的东西,它们在一定含义上可以被其他印刷形态的另外表达式代替。我们可以使用其他字母作为变元,也可以以其他方式写出转换式,但以这样的方式我们仍然说它是同一个证明、同样的演算。所以,关于这一转换式本质性的东西不是其物理形式,而是其作为表达式数学用法的逻辑形式。这一"逻辑形式"不是"抽象的结构";当它被放在适当的语境中即在通过归纳证明算术命题的实践范围内时,构成对该转换式来说本质性的特征。为了阐释一个事实即在另一个记法中可以表达同样的证明，我们并非必须引入作为"抽象对象"的数以及作为"抽象结构"的逻辑形式这一神话。

作为数学运算和作为演算的转换式也包含印刷上的表达式的物理转换，我们当然可以"越出"数学演算而注意它的这一方面。在算术的形式化中，这一方面甚至得到系统的发展。但是，这是对数学转换的（被强加的）解释。

逻辑形式只有联系到演算的规则和实践以及在算术语言中对表达式进行运算时才能被决定。在植根于元数学传统的"句法形式"的当前概念中，观念却相反：句法形式是外在形式，先于使用表达式的规则和实践而被决定。当"转换"中"形式"一词被看做句法形式而演算被看做"句法表达式的专门操作"时，似乎这一证明不再证明打算证明的东西，除非句法转换被提供了"语义解释"，它将"指派无限的对象域作为变元的值"。所以，这里我们看到作为记法系统的有关数学语言的形式主义概念，脱离数学中记法的正常使用的形式，如何与数学设想要予以"关涉"的抽象对象域的柏拉图主义概念相联结。

随着对命题 $x(1 + 2 + 3 + \cdots\cdots + x = \frac{1}{2}x(x + 1))$ 的解释，按照这一解释似乎命题及其证明要求"无限总体的假设"，似乎归纳证明还包含可以表达如下的第三个部分（除了归纳基础和归纳步骤外）："我们已证明了等式 $x = 1$。通过归纳步骤，如果 $x = 1$ 时等式为真，那么 $x = 2$ 时也为真，因而以此类推，我们得出结论：$x = 2$ 时它为真。通过使用归纳步骤，并对这一结果一再以此类推，我们便得出结论：$x = 3$ 时等式为真，等等以至无穷。由此，等式对所有自然数 x 为真，命题便得以证明。"

但是，这一"由此，等式对所有自然数 x 为真"并不是结论。当命题自身在其证明语境之外被看做具有精确的数学含义时,它显现为结论,这是命题的一般性在其中成为偶然一般性的含义,似乎命题陈述了有关个体对象的总体的每一个体。然而,这并不是纯算术中关于自然数总体的精确概念。外延论图像不是直接可应用的。这一命题的一般性不是以这一图像为基础在数学上"充分确定的",而是在归纳证明中通过这一含义给定它的,"由此"一词从而是误用的。

这一证明的第三部分只是用词语总结在基础和归纳步骤中所表达的东西的方式。但它在数学上所意指的东西是由证明的细节而不是别的方式决定的。跟"这样,等式对所有自然数为真"的说法相反,我们应该说:"这是等式对所有自然数为真所意指的东西"。归纳证明展示等式的一般有效性的标准,同时表明它是满足的。命题的一般性是归纳(递归或迭代)的一般性,而不是有效数字方程式的极长的列表。

或许可以说,在这一"由此"中存在着"更多的东西",即对使用数学词语的已确立的语言实践的指称。在这些语言约定的基础上,似乎"直觉上正确地"和非常自然地使用表达式"方程式对所有数为真"。但是,这一表达式的"自然性"的原因并不是我们具有关于一般性的精确的一般概念,与其说它可立即应用于无限的以及有限的领域,倒不如说它基于与其他情境的类比,在那里我们使用表达式"……对全部……为真"。"由此"一词并不表达结论,但与使用这一词语表达式的语言约定是一致的。可是,对这一表达式的解读可能只是对一般性的逻辑上不同的含义的解读。

把这一"由此"误解为一种结论也与"证明数学归纳"的观念联结着(希尔伯特、海廷、克林、达米特及他人)。通过归纳法将证法

$$\frac{\dots\dots A(0) \quad \forall x(A(x) \to A(x+1))}{\forall x A(x)}$$

（这里我们假定，归纳并不用在前提的证明中）重写为证明的序列，

$$\cdots\cdots\frac{A(0)\quad A(0){\rightarrow}A(1)}{A(1)},$$

$$\frac{\dfrac{A(0)\quad A(0){\rightarrow}A(1)}{A(1)}\quad A(1){\rightarrow}A(2)}{A(2)},\cdots\cdots$$

一个证明通过归纳法似乎将无限数量的证明压缩为一个证明。因为这一无限序列中证明并不包含归纳，因为这一序列可以被不定地延续，看起来似乎我们已经以非循环的方式，即没有使用归纳便论证了归纳证明。我们已经有对 A(0) 的证明，因为无限序列包含着对任何 x > 0 的 A(x) 的证明，我们便似乎在结论中获得论证："由此，对所有自然数 x 来说 A(x) 为真"。

但是，这一"论证"的非循环性是幻觉。它是借助数学归纳对数学归纳的"论证"，所以"论证"一词放错了地方。要看到这一点，设 I(0) 是证明……A(0)，设

$$\cdots\cdots I(n+1)=\frac{I(n)\quad A(n){\rightarrow}A(n+1)}{A(n+1)}$$

那么，这一公式对证明序列来说是"递归公式"。这一"论证"可以写为：

> I(0) 是对 A(0) 的一个正确证明，而如果 I(n) 是 A(n) 的一个正确证明，那么 I(n+1) 是 A(n+1) 的一个正确证明。由此：对所有 n 来说，I(n) 是对 A(n) 的一个正确证明。

可见，这一论证使用着归纳。以如此方式循环的"论证"一点也不是论证（即使这一论证有阐述的功能）。将归纳证明重写为证明的无尽系列只不过是表达同一证明的另一"更直觉的"方式。然而，当把论证看做证明时，这一直觉性在概念上是错误的，因为这一观

念基于把证明的无限序列看做其中没有归纳的个体证明的实际列表的错误基础(也许在前提的证明中除外)。

这里重要的地方是如下观点:证明的这一无限序列概念只不过蕴涵着一种归纳(或递归)。为了将这一表达式理解为无限的证明序列的表达式,你必须理解其中的归纳或递归。这一表达式的逻辑形式不是个体事物实际列表的形式,而是由运算的无限迭代生成的系列的形式。参照第 5 节所讨论的例子,我们可以说,在这一证明序列中的"、、、"记法的用法与序列 2、4、6、……中的用法属于逻辑上同一种,而与序列 a、b、c、……中的用法不属于同一种。

如果我们假定在前提的证明中不存在归纳,那么我们可以说:"在证明 I(0)中不存在归纳,在证明 I(1)中不存在归纳,在证明 I(2)中不存在归纳,等等。"所以,看起来似乎这一证明序列一点不包含归纳。但这是错误的,因为在这一"等等"中存在着归纳!

我们还可以说:"对任意数 n 来说,在 A(n)的证明 I(n)中不存在归纳。"但是,变元 n 所表达的一般性便是归纳的一般性。没有这一归纳,这种一般陈述的精确数学意义就将丧失。

对力图"论证"数学归纳法的这种批判并不是新鲜事。在希尔伯特通过给出"有限性"的相容性证明而力图论证数学归纳法中产生的循环性已由布劳威尔和庞加莱指出。[①] 关于希尔伯特在其元数学中的工作方式,布劳威尔正确地指出:[②]

----

① 布劳威尔:《著作选集》,第 72—97 页。H. 庞加莱:"论数理逻辑",载《道德形而上学评论》,第 13 卷,1905 年,第 815—835 页,第 14 卷(1906 年),第 17—34 页、294—317 页。在我看来,布劳威尔和庞加莱对这一点的批判是正确的,但是他们所提议的指向我们的"直觉"或"心灵"对归纳的直觉主义论证甚至比希尔伯特的有限主义方案更为错误。尽管与希尔伯特不一致,但他们与他共有着将数学当做一门自然科学的信念,他们的第一原则一定是在认识论上加以论证的。
② 布劳威尔:《著作选集》,第 93 页。

　　在关于定理的相容性的……推理中,他一再地应用直
觉术语比如一、二、三、某些(他通过它们意指一定的有限
数),他进而直觉地应用关于逻辑甚至完全归纳的所有规
律。

希尔伯特传统中各种证明理论家的根本错误是认为,元数学推
理范围内由"图解的变元"表达的一般性可以根据外延论图像、以元
数学的归纳总是"止步于有限"(如同埃尔布朗①所表达的)为基础
加以解释。② 外延论图像可以直接应用,因为元数学可以说局限于
具体的被给定和有限物。跟布劳威尔一样,庞加莱也认识到,元数
学被局限于具体的被给定和有限物并不是真的。它包含着无限序
列的概念;由元数学推理中的变元表达的一般性是"完全的"数学归
纳的一般性。庞加莱看到,即使希尔伯特在论证形式系统范围内表
达的归纳定理时取得成功,他也无法论证元数学推理中所使用的归
纳。

　　为了回应庞加莱的反对,希尔伯特谴责庞加莱忽视了归纳这两
种含义间的区别:③一方面是希尔伯特所谓的"内容的归纳",这是
"有关具体对象的有限推理"中使用的归纳的唯一含义(例如有关
数的构造和分解)。但是,在希尔伯特看来,还存在着"形式的归
纳",它被认为是"恰当的归纳",被陈述为形式系统中的明确定理。
希尔伯特显然坚持这样的(错误)观点,即"内容的归纳"不是真正
的数学归纳,因为它"止步于有限"。他认为,似乎元数学归纳的

---

① "Cette récurrence qui s'arrête dans le fini",见埃尔布朗:《证明论研究》,"社会科
　学工作华沙快报",第 III 类,"数学科学与物理学",第 33 期,1930 年,第 4 页。

② 这是仍然有待普遍认识到的一种错误。重要的是要认识到,现代哲学和语言学
　理论中大量的混淆和概念问题都植根于此。

③ 希尔伯特:"数学的基础",见冯·赫耶诺特:《从弗雷格到哥德尔:数理逻辑资料
　手册》,第 473 页。

"对全部的"概念与具体事物的有限扩张的"对全部的"概念一致，只要我们将自己限于无限序列的有限段。然而，这是要将无限看做有限的扩张或延续，将归纳的一般性看做由外延的图像加以确定。

显然，庞加莱在其 1905 年对希尔伯特论纲的批判中已经认识到应用于有关"内容对象"的元数学论证的归纳与明确地陈述为形式系统中的定理的归纳之间的这一区别。他也认识到，无限序列的一般性被包含在希尔伯特元数学的推理中，因而"内容的归纳"是"恰当的"数学归纳。这一点由赫尔曼·外尔（Hermann Weyl）在对庞加莱批判的辩护中加以强调，在那里外尔指出：

> 当庞加莱宣布数学归纳对数学思想来说是不能还原到比这更原初东西的最终基础时，他心中所拥有的是关于数的构造和解析的过程，希尔伯特本人在其内容分析中使用了这些构造和解析，它们对我们的感性直觉来说是完全透明的。毕竟对希尔伯特来说，这不仅涉及例如 $0'$ 或 $0'''$，而且涉及任何 $0''\cdots'$，涉及任一具体被给定的数字。人们在此可能强调"具体地给定"；本质性的地方恰好在于，在证明论中对任何证明、对任何数字的内容论证要在假设的一般性中完成。①

根本的地方在于，元数学中的论证对通过重复运算时间中的任意数生成的证明（或数字）系列的任何证明或任何数字都要完成。可见，这一"任意性"是归纳（或递归）的一般性。进而言之，对证明论证的考察（例如在元数学的算术化中）表明，元数学中的"有限"概念不是可以"具体地给定"的有限概念，即不是作为具体事物的列

---

①　赫尔曼·外尔："对希尔伯特有关数学基础的第二次讲演的评论"，载冯·赫耶诺特上引著作，第 482—483 页。

表可实现的东西。它倒是在纯数学理论的有限序列含义上的有限概念。但是,"大多数"这类序列不能"具体地给定"——即使"在原则上"。所以,我们可以强化外尔的陈述而指出,元数学中处理的构造可以具体地给定这一点不是根本性的,也不比在普通数论中所有自然数可以作为某一规范记法中的实际数字"具体地给定"这一点更为根本。

在维护希尔伯特的观点即元数学归纳并不是"恰切的数学归纳"时,埃尔布朗解释道:

> 我们从未考虑一个无限集合的所有对象 x 的总体;当我们说,对所有这些 x 来说,一个论证或定理为真时,我们指的是,对每一所选定的 x 来说,有可能重复所讨论的一般论证,它应该被看做只不过是这些特定论证的原型。①

原型(或范例情况)中所表达的一般性也是普通算术中一般性的基本含义,普通算术中归纳法的"对全部的"就是这种一般性。在证明中通过归纳法"从 n 到 n + 1"的步骤表达着范例情况的一般性——在它通过释义为谓词演算的记法而被重新解释为一个命题函项的一般可应用性之前。

埃尔布朗认为,外延论观点对普通算术中被数学归纳法证明的一般陈述的含义来说是至关重要的。显然,埃尔布朗跟希尔伯特和其他证明理论家一样,通过形式化和形式逻辑的释义技巧来看待普通数学,在那里一个命题的数学含义意味着只由其形式化决定,不管证明它的方式如何。但是,依赖于证明和演算的方法的许多概念区别在这些形式化中都丧失了。埃尔布朗从这样的观点进行谈论,即数学中一般性的根本含义是按照外延论图像带有通常解释的谓

---

① 埃尔布朗:"论算术的相容性",载冯·赫耶诺特上引著作,第622页。

词演算的普遍量词的一般性。然而,以数学用语中的相似性为基础的这一一般性概念,我们不能在有限和无限中一般性的概念上的不同含义间作出区分。而这一点很不幸,因为关于有限和无限间分界线的混淆很大程度上要为数学基础中的原初问题负责。

数与数字

有人可能认为,希尔伯特在"有限性观点"中力图将自然数系列的内在的或逻辑的属性还原为关于数的表达式的外在属性。他似乎并没有认识到,在这一还原中他预设和使用着关于数的系列的逻辑原则。他在描述迭代过程(*Fortschreitungsprozess*)时,站在算术的概念系统范围内,通过这一过程每一数字都有独特的复合(*Aufbau*),也存在着对应于这一过程的独特的逐步分解(*Schrittweisen Abbau*)。① 希尔伯特使用这些词的逻辑语法,从其元数学论证的角度判断的话,是有关自然数的算术的逻辑语法。有关数学递归的一般性概念已经包含在这一阶段。

希尔伯特似乎认为,无限序列的"全的"一般性只是部分包含的,因为从有限性观点看,元数学的方法和结果被应用于具体给定的符号序列。但是,正如上述引证的赫尔曼·外尔的陈述所清楚显示的,这是一种错误观念。包含在元数学的方法和结果中的一般性的数学概念(在这些方法和结果的含义上)并非只部分地用于这些应用,不存在这样的"部分使用"。(比较:当几何概念被应用于视

① 见 D. 希尔伯特和 P. 贝尔奈斯:《数学基础》(I),第二版(柏林:斯普林格出版社,1968 年),第 21 页。

觉空间时,它受到我们视觉能力的影响,这并不意味着只有几何概念的部分或"片段"被使用。)希尔伯特被把有限当做无限的部分或者将无限当做有限的扩张的观念所误导。① 他对"真实"和"理想"间的区分就立足于这一观念。

在有限论的元数学中,据说数字 1、11、111、……被当做具体的物理对象。于是,人们可以问:"为什么数字看起来只应是这样? 为什么不像这样一、二、三、……,或者像这样 * 、* * 、* * * 、……"回答可以是,我们也能以这其中一种方式书写出数字。"你是怎么知道的?"对这一问题的回答应该以描述的形式指出对不同记法来说本质性的对象,回答应该描述对不同记法来说共同的结构。但是,这一结构不是忽视算术的某人立即觉察到的视觉的或物理的结构。对这一结构、对作为数字的这些记法的本质性东西的描述,就是对元数学中有关其作为数字的用法的本质性东西的描述。这一描述必须以自然数系列的逻辑形式为基础。②

这一点在克林对数字的说明中几乎是清楚的:"系统的解释内表示特定自然数的各项 0、0′、0″、……,我们称为数字,而当我们直觉地使用自然数时,我们分别用同样的符号 '0'、'1'、'2'、……缩写它们。"③不管数字是否被看做"形式对象"(即它们的"意向解释"是否被忽视),由"0、0′、0″、……"中的符号"……"所表达的一般

---

① 这也可以从希尔伯特的下列陈述中得出,"从有限论观点看,'存在着这一或那一属性的数'这种形式的存在命题只有作为部分命题才有意义,就是说,作为更精确地决定的一个命题的一部分,其准确内容对许多应用来说是非本质性的。"显然,希尔伯特将存在命题看做是扩展着有限析取的一种"无限析取"。

② 在希尔伯特和贝尔奈斯的《数学基础》第 21 页中指出:"凡是涉及数字的比喻说话方式的地方,我们认为……对此需留有余地。"这一"留有余地"当然由符号必须能够指代自然数这一要求加以限定。

③ S. C. 克林:《数学导论》(阿姆斯特丹:北荷兰,1967 年),第 195 页。

性是一种递归的一般性。

希尔伯特说道:"在数论中,我们有数字 1、11、111、……,每一数字感觉上都可以有如下事实识别,即其中 1 总是跟着 1(如果有任何东西跟着的话)。"①他所忽视的是,这些符号作为数字属于算术符号系统,而不只是属于视觉的或物理的空间。符号是感觉上可识别的对象,但如果我们想搞清楚这些"对象"的哪些特征对于它们所意指的符号来说是本质性的,那么我们就不能将自己置于数学语言之外。

希尔伯特建议的对表达式"总是跟着"的具体的有限性使用当然是理解这一表达式的一种方式,当它被应用于纸上的书写结构时便是有意义的。但是,这不是它在证明论中的含义。表达式"跟着"的这一具体含义是不同于"跟着"的算术概念的概念,它指向算术的后继操作或者指向有限序列的数学概念。后一概念在概念上不受物理环境和有关我们视觉能力的如下事实的限制,即具体的空间概念"跟着"却某种程度上受到限制。这是范畴的区别:"跟着"的具体含义不是数学含义的一部分(不管这意味着什么)。如果我们称数学概念为物理概念的"理想化",那么我们指的不是两种概念间的逻辑关系(但也许指的是数学概念发明史中的事实,或者指的是其可能的应用之一)。所以,与希尔伯特所认为的相反,正是"跟着"概念的数学的而不是具体的含义才是在元数学的方法和结果中至关重要的。当这些方法和结果被应用于具体表示的符号序列时,这些方法和结果的"全部数学含义"便包含在应用中。例如,通过下列缩写在其中被引入和使用的方式,这一点显而易见:11 写为 2、111 写为 3,等等。从元数学论证中这些"缩写"被使用的方式看,显然这一"等等"的一般性不是视觉的或物理的形状的某种经验的一般

① 希尔伯特:"论无限",第 377 页。

性,而是数学的归纳或递归的一般性。这意味着,序列 1、11、111、……应该具有自然数系列的形式,而不是具体可识别的东西的列表形式。这一表达式有一定的结构正是系列 1、11、111、……作为数字系列的概念的一部分。它们被认为在算术含义上由运算的迭代"建立起来"。但是,当它们只被看做物理的或视觉的结构时,便不包含这样的结构,当然除非数学结构被应用于描述这些表达式(例如像在其句法表示的构造中那样)。

现代元数学研究中(例如,在递归函数的"数词可表示性"的证明中)对称为数字的构造的逻辑形式的描述会采用归纳的或递归的定义的形式:(i) 1 是一个数字,(ii) 如果 x 是一个数字,那么 x1 就是一个数字。系列 1、11、111、……的结构——作为通过后继运算的无限迭代生成的系列——并不是通过这样的定义创造或产生的。在给予归纳定义时,"归纳结构"被使用着同时被显现清楚。这一定义只在算术的概念系统范围内存在,在视觉的或物理的空间中不存在像对象的归纳定义这样的对象。[①] 使用的是"数字"而不是"数"这一点以下面的错误观点为基础,即对元数学来说根本的地方是,数字被看做具体的物理东西。但是,真实情况却相反,数字被当做数学的"对象",按照这一归纳定义的看法,数字就是数。

也许有人反对这一点,说对希尔伯特的有限性观点来说,根本性的地方正是:数字是具体的东西,更通俗地说,有限性观点允许的"真实命题"正是关于具体东西的。但是,我们必须说,有限性观点在数学中并不是根本性的;它事实上与人们在元数学中实际工作的方式并不相容。实际使用的概念、方法和技巧不是希尔伯特建议的严格有限性方法的扩张或理想化,而是属于数学的范畴上不同的表

---

① 但是,在物理空间中当然存在着对对象和结构的数学表示。

达式的使用形式。

当 S. C. 克林这样说(在强调元数学中研究的对象是具体对象之后)时,他似乎感到了这一不相容性:[①]"证明论必须在某种程度上是抽象的,因为它假设可以构造的符号的任意长的序列,尽管世界上纸和墨水的量是有限的。"某种程度上,这里人们会问道:"元数学的对象是具体东西或者不是?"根本的地方在于,对于项和公式的长度一点没有限制,从而对于作为符号的具体列表的不可识别的项和公式的数量没有限制。形成规则中使用的一般性概念是一种数学概念。

卷入证明元数学中定理的数学家并不会因他所处理的表达式和公式太长无法识别为具体符号的实际公式而困扰,因为他关心的不是作为具体符号列表的表达式,而是作为数学构造(如自然数)的表达式。他处在数学概念系统的范围内。

在数理逻辑中已使用的有关数的各种记法 1、11、111、……或 0、0′、0″、……或 0、S0、SS0、……重要的不是它们是具体对象(这对于这些符号并不比对于其他符号更重要)。对于这些记法来说重要的是,它们在纯数学范围内对自然数系列即对于由后继运算的无限迭代生成的这一系列的概念给予更独特的表达,同时它们给作为"形式对象"、有限序列(或列表、或"串")的每一数字以显现的方式。前者即递归结构被用于例如对形式系统中的递归函数的"数词可表示性"的证明,而后者即形式结构被用于元数学的算术化。

我们当然的确有一系列具体符号的一般概念,它直接就是一个列表或一列。但这一概念受到构造、展示和"取遍"这一列表的物理可能性的限制。否则它如何能成为一系列具体事物的概念? 通过

---

① 克林:《数学导论》,第 62 页。

构造它的方法、通过它被感到和描述为具体对象的方式,这类列表的长度的上限由它在其中出现的人类实践的范围决定。所以,显然这一具体含义中的"任意长度的列表"概念所包含的一般性的含义,在概念上不同于可以在元数学中通过归纳定义构造的"任意长的表达式"的概念。元数学的方法和结果可以被应用于具体表达式这个事实并不改变上一事实。

　　数字的归纳定义中"被 1 跟着"的运算意味着无限地可应用(独立于数学家和哲学家有关其所说的话;要清点的是他们对定义所做的工作)。但是,将数字认做符号的具体列表的物理可能性当然是有限的。在有限性证明论的观念中对物理的和数学的视角的混淆有时得出像这样的反应:"可是存在着不能在物理上实现的数字吗? 不同于数的数字不是具体的物理事物吗?"这怂恿着将数字和数当做构成事物的两个平行序列的错误图像,其中前者是具体的和(或许)有限的,而后者是"抽象的"和无限的,在两者之间存在记法或指称的外在关系。

　　这一图像及其一般化——让我们称其为指称图像①——是当前语言哲学和语言学理论中许多成问题的专门概念的根源和基础,比如"使用/提及"、"名称/被命名者"、"句法/语义"、"对象语言/元语言"的区分。② 显然,希尔伯特的有限性推理观念是启发发明"句法形式"概念的主要源泉,即把语言表达式的形式当做通过语义规则与内容(或所指称的对象)"联结"着的具体的物理结构的概念。

―――――――――

① 当然存在着诸如"指称"、"指谓"等语词的非专门用法,它们不是基于这一指称图像——这是哲学家倾向于忘记的事实。

② 参见卡尔纳普的说明:"在希尔伯特打算让其元数学只服务于证明对象语言中构成的数学系统的相容性这一特定目的的地方,我都旨在构造关于语言形式的一般理论。"(卡尔纳普:《自传》)。

（我们在弗雷格和早期罗素的著述中没有发现"形式"的这一专门概念）。表达式形式的这一概念制造了对新的科学即"语义学"的需要，其任务是说明"未经解释的具体表达式"与其意义或指称联结的"机制"。

数学哲学中的当前观点，比如实在论和柏拉图主义，以及它们的反对者反实在论和形式主义，很大程度上是关于数学表达式的形式和内容的这一思维方式范围内的概念。当人们意识到把数学当做关于具体的物理事物的表达式的游戏的形式主义观点是站不住脚的时候，希尔伯特的表达式及其形式概念、作为数学操作的演算概念却未受到质疑。相反，许多数学家和哲学家被希尔伯特的认识论纲领误导着认为，必定存在着其他某种数学"关涉的"东西，其他不只是"我们的理想化"的东西而且是真实的东西。人们被诱导着认为，除了表达式归属的具体事物的领域外，一定还存在着数学表达式"指称"的"抽象对象"。人们或许说，希尔伯特的"理想对象"在这一实在论中被指派为"真实对象"，然而是在数学语言的概念范围内，它本质上是跟希尔伯特的概念一样的东西，就是说，作为与其使用形式相脱离的记法系统（或物理记法形式）。

语言与形式系统

希尔伯特的证明论纲领部分是数学研究计划，部分是自然主义视角内构造的认识论纲领。两种纲领曾是而且依然是不可分离的。通过用于表达专门概念和结果的重要性的词语（例如，当"形式的"一词被用于指代具体的物理结构时），认识论观念和主张渗透了数学计划的专门概念和方法。这样，证明理论家有时自称关心"具体符号及其句法关系",似乎"句法关系"是某种不曾包含数学概念的外在于或先于数学的东西。

在 J. R. 休恩菲尔德(Shoenfield)①论数理逻辑的高级教科书中说道:

> 在我们对形式系统的研究中,我们将研究表达式,正如一个分析家研究实数一样……。一种分析使用某些实数的名称……。同样的,我们将需要表达式的名称。我们有幸处在能够给每一含有这样约定的表达式提供一个名称:每一表达式将被用作其自身的名称。这一约定不适用于分析文本的作者,因为一个名称必须是一个表达式,而一个实数不是一个表达式。

这一陈述暗示一种模式,按照这种模式,塔尔斯基和卡尔纳普含义上的一种"语言"的句法和语义学将依照指称图像加以构造:表达式属于具体对象的领域,而实数是"抽象对象",两种东西通过指谓或指称的外在关系相联结。一旦这样的联结通过"元语言",比如"'N'是……的名称"或"设'N'指谓……"中的规定或"约定"产生出来,我们就可以将"N"用作对象的名称,通过约定使对象成为这一名称的"承担者"。在这一方式中产生了错误观念,即作为语言中表达式的功能,名称或指称通过这种规定最终产生或制造出来。似乎名称或指称如前面列举的是由规定的应用在概念上加以决定的。"N"是对象的名称这一点被看做存在于这样的事实,即物理对象的名称与所命名的东西间存在着指称的外在二元关系,不管"N"是否作为名称曾被使用。如果人们要问这样的"语义事实"由什么组成,那么人们很可能得到这样的回答,即命名和指称是"原初概念"。

---

① J. R. 休恩菲尔德:《数理逻辑》(伦敦:安迪森·威士利,1967 年),第6页。

在这一语义术语中,命名和指称作为语言中的表达式的功能被遗忘了,它们最终由实践、由表达式的使用形式来决定。只有以这些实践为背景才存在着给予、应用或使用约定这样的事情。

联结名称的元数学概念奠定了例如由奎因①阐述的使用和提及间的区分。在奎因将波士顿市的名称说明为名称"波士顿"时所没有提及的是,它预设括号内的表达式有作为一个名称的语言功能,而不只是一个"物理对象"或一个空间的或视觉的结构。人们可以跟奎因一样说,"一个名称和另一名称间的区别是一种最初的视觉操作的区分",②但仅当理解这一做出区分的能力是使用作为名称的表达式的语言实践的一部分时。③

如果某物被给予一种名称,它必须以某种方式被决定,有待被命名的事物必须以某种方式被给定。它可能被描述,可能被具体展示,可以被指向等等。在"元数学"中被指派了名称的表达式如何在数理逻辑中被给定? 肯定不是作为具体显示的物理对象。只有它们中的"一些"可以实现即使"原则上"的具体表达式。不是,它们作为由某些运算的无限迭代生成的构造被给定。对表达式、术语和公式来说,由"句法变量"表达的一般性是概括的数学归纳的一般性。因为这些构造物是否全部实现为某种语言的实际表达式并不是根本性的,所以我们甚至可以说,正是这一结构是本质性的东西,它才是研究的实际对象。但是,这意味着,元数学中的"表达式"、数字和公式既是数字,同样也是数学构造或数学"对象"。

在陈述形成规则时,某些符号和记法被使用着。例如,在数字

① W. V. O. 奎因:《数理逻辑》,修订版(纽约:哈珀 & 卢,1951 年),第 23 页。
② W. V. O. 奎因:《数理逻辑》,修订版(纽约:哈珀 & 卢,1951 年),第 23 页。
③ 这与使"符号识别"专门化的可能性问题联结着。参见 K. M. 萨伊尔(Sayre):《识别:人工智能的哲学研究》(印第安纳:诺特丹,圣母大学出版社,1965 年)。

构造的规则中,某些符号被用于表达 0 和后续运算。这些符号是普通含义上数学语言中的表达式。根本性的是它们是感觉上可实现的、可考察的,等等。但是,在通过形成规则获得的"对象"含义上的"表达式"——作为不同于用于表达规则的表达式的东西——不是普通含义上的语言表达式,而是数学构造物。

当(在数理逻辑中)我们谈论应用形成规则获得的结果,无视用于表达这些结果的记法时,我们是在谈论所获得的结果的逻辑形式(或者谈论作为那一逻辑形式的表达式的构造物)。在这一含义上,数学家们谈论这一术语或那一公式,作为可能用其他某一记法写在其他地方同样的术语或公式。他们谈论"哥德尔公式"作为数学构造物,而不是作为被哥德尔用于特定句法中的某种表达式。他们以这样的理解将术语或公式看做(表达式或构造物的)形式,即所使用的特定的记法并不重要,只要它能够表达元数学证明和结果中本质性的结构。这是表达式的逻辑的(不是空间的或印刷的)形式。[1]

"对象语言"中的"表达式"的观念,据说通过形式规则而获得,是将这些逻辑形式具体表示为物理形式的观念。它是希尔伯特有限论精神中逻辑形式的专门化的观念。假定我们并不通过"表示"

---

[1]　使理解这一形式概念变得困难的是将语词"形式"和"形式的"形式主义地共同使用为指示表达式或构造物的外在的物理结构,这是已发生重要影响的对语词的一种使用。例如类型/殊型区分显然以这一自然主义的形式概念为基础。一个表达式的类型被看做一种空间的、"语言外的"形状。

　　我所称为"逻辑形式"的以及按照希尔伯特的思维方式作为数学的使用中本质性的表达式形式,是有待被某种"实在"东西即物理结构代替的"理想对象"。但是,这里的根本错误是认为似乎逻辑形式是外在地联结着拥有它的表达式或构造物的某种东西或对象,似乎数学表达式比如数字指向其逻辑形式。它们表达或显示其逻辑形式。例如,数字 SS0 显示其在数字系列中的位置,并不陈述它或指向它。如果人们问:"数字 SS0 如何能'显示'这个?"回答也许是:"通过它在算术中被使用的方式。"

意指还原,这样的具体的专门表示可以在一定意义上被给定,①但这一事实对数理逻辑和证明理论来说并不是根本的东西。例如,有关一阶算术的不完全性和不可判定性的证明和结果并不依赖这样的"对象语言"的存在。这些构造物从物理上展现于这些证明这一点并不重要,因为它们被当做数学构造物(如同数或者良基树那样)。②

数理逻辑中的所谓句法变元并不"通过正在讨论的语言的表达式发生变化",③而被看做纸上的书写结构。它们被用于表达元数学所关心的数学构造物的形式。

休恩菲尔德为"对象语言的表达式"引入句法变元"s"、"u"和"v",并指出:"我们将使用 uv 来代替通过 u 和 v 并列即通过写下 u 然后立即写下 v 而获得的表达式"。因而,这意味着,在 uv 形式的表达式中,存在着 u 和 v 间的秩序,它是这一表达式的本质特征。但是,它是 u 和 v 具有的作为物理的或视觉的对象、作为纸上实际书写的符号的秩序吗?它是空间的 - 时间的秩序吗?不,实际情况倒是,书写符号"u"和"v"间的某些物理特质和关系已被用于表达一定的数学结构。

通过忽视词语说明并代之以观察这一"并列系统"在数学工作中被使用的方式,我们发现了如下一点:"u"和"v"是从左到有紧挨着写下的两个字母这一事实指代一个二元(算术)运算。这些字母

---

① 这一事实当然已被现代计算机科学成功地采用。但是元数学方法的这些应用是可能的这一点并不证明数理逻辑中与对象语言概念联结着的观念。

② 认为形式系统的一种对象语言是不必要和错误的这一点似乎已由 H. B. 柯里(Curry)第一次指出("语言、元语言和形式系统",载《哲学评论》,第 59 卷,1950年)。但是,柯里未能使自己从这样的观点中解脱,即数理逻辑中所使用的表达式处在指称或记法与某种对象的外在关系中。他称它们为"非特定的对象"。

③ 休恩菲尔德:《数理逻辑》,第 7 页。

已被使用这一点是非本质的和任意的,但它们是不同的字母这一点
却是本质性的(这是属于表达式 uv 的逻辑形式的特征)。"u"和
"v"有着按照左 - 右排列的确定的空间关系这一点也是本质性的:
它表达 uv 一般来说不是与 vu 相同的构造。但是,在一个表达式如
suv 中,"分组"就不是本质性的:"并列"运算显然指的是结合,s
(uv)意味着与(su)v 同样的构造。

这一点全都可以通过它们之间的其他符号和物理关系表达。
将 uv 解释为实际写下的符号的并列也不是本质性的,即使它是代
数系统的一种可能应用。但是,这一应用从未被用于数理逻辑中定
理和证明的本质方式。因此,我们所拥有的是一种带着所谓"并列"
的二元运算的代数系统,它可以被重复着形成被称为表达式的数学
构造(让我们称它们为形式表达式,表示我们必须与"表达式"一词
的专门/数学含义打交道)。存在着"u 是与 v 相同的表达式"形式
的陈述,而下列规则对于这一陈述来说理所当然:(1)(su)v 是与 s
(uv)相同的表达式;(2)如果 s 是与 u 相同的表达式,那么 sv 是与
uv 相同的表达式,vs 是与 vu 相同的表达式。"u 是与 v 相同的表达
式"对于"原子表达式"来说所意指的是不需要以物理的或印刷的
术语具体化的东西,因为人们在数理逻辑中并不关心这一代数结构
的这种应用。

通过使用这一代数结构,休恩菲尔德证明"形成定理",它规定:
形式系统的每一术语和公式可以以独特方式在 $uv_1 \cdots\cdots v_n$ 形式中写
出,其中 u 是带有"元数"n 的符号,v_1、$\cdots\cdots$、v_n 是术语和公式。这
一定理将保证,对决定"分组"来说,顿号、括号等都是不必要的。可
是,表达语"独特方式"、"分组"等并不指代——像休恩菲尔德要我
们相信的那样——物理的或印刷的形式概念,而是指代着作为数学
对象(或构造)的元数学"表达式"的形式。从该定理将通过数学归

纳来证明这一事实看,这一点便显而易见。在这一证明中有关这些
"表达式"的本质地方在于,它们是数学含义上的有限序列,术语和
公式被看做通过一般化的归纳加以构造。

休恩菲尔德引进这一并列系统作为将术语和公式从"句法"上
表示为有限序列("列表"或"串")的数学系统,很可能因为它使"元
数学的算术化"简单化了。他关心的是(一般化的归纳所生成的)
术语和公式能够在其范围内以独特方式表示出来。显然它只是正
被使用的这一并列系统的数学结构。将并列具体地解释为连成一
串的书写表达式一点也不包含在内,实际语言的句法也未包含在
内。这些观念只是伴随数学工作的(在希尔伯特的认识论纲领中首
先描述的)令人误解的非本质性图像的一部分。

这些证明所关心的是两种数学系统的特质以及它们之间的关
系。一个公式通过迭代逻辑运算加以生成而属于一种系统,通过形
式表达式的并列加以构造而属于另一系统。不管在哪一种情况中,
公式成为数理逻辑的研究对象,正是它作为这一构造的数学上确定
的形式,而不是它的某种物理表示。

数理逻辑中"名称 – 联结"(name – relation)的真正内容或者使
用和提及之间的区分不得不与"术语"和"公式"的这一双重意义打
交道:一方面,一个公式是通过迭代逻辑运算获得的构造。另一方
面,作为一种"形式对象"①,一个公式又是并列系统中的有限序列
或形式表达式("串")。这些是不同的数学构造(或"对象"),"名
称 – 联结"是它们之间的外在关系。用于区分使用和提及的引语习
惯以一种系统的方法为基础,力图将并列结构中的形式表达式与前

---

① 克林使用这一术语。另一个已确立的术语是"句法对象"。但是,我们必须记
　住,"形式的"这一使用并不指代具体的物理形式,"句法的"也与实际语言没有
　关系。

一含义中的每一术语和公式关联起来。对于已经是并列系统范围内的形式表达式的表达式来说，引语记法并不需要，它们被"用作关于自身的名称"。

"然而在形式系统比如一阶语言的定义中语言可以被仔细地指定这一点不是本质性的吗?"重要的是有待使用的记法是被指定的。在常项、变元和辅助符号的数学符号角色中一定存在着有待使用的符号的固定列表。一定存在着像休恩菲尔德的并列系统那样的(数学的)系统，用以将术语、公式和证明形式地表示为形式对象。形式系统是形式的，这一点在元数学中意味着，规则可以参照只作为形式对象的术语和公式加以陈述，即作为用其他序列代替某些有限序列(或串)的规则。形式规则是在形式表示范围内进行演算的规则。

认识到这一点的重要地方在于，形式表示范围内这一含义上的演算是与普通算术中的演算同样的数学演算。它不是演算的更"专门的"含义，如果这应该意指它是一种具体符号的物理的前数学的操作的话。正是数学系统范围内不同于普通算术的演算，我们才同意称为可应用于算术科学的"专门的"演算。数理逻辑或证明论中没有什么结果依赖于这些应用的可能性。

在这些"专门演算"中表达式的使用形式是数学的，演算规则中的一般性概念也是数学的。如同在形式表示的系统中所使用的那样，"表达式"、"串"、"有限序列"、"长度"、"并列"、"出现"、"分组"等概念是专门的数学概念。例如试分析出现概念。当我们谈论"变元 x 在公式 x + y = y + x 中的第二次出现"时，我们并不指向物理空间中的事件或对象或位置，而是指向数学构造的形式特征。它不是像我们说"本页上字母 a 有多次出现"时相同的出现概念，后者指向一页纸上的书写记号。相反，我们可以说，字母 x 在本页上的某一出现标记着变元 x 在公式中的第二次出现。如果我在下页以相同记法写下同一公式,便可以正确地说"字母 x 在下页的出现表示变元 x 在公式中的相同出现"。

认为如同在数理逻辑中所使用的词语"出现"、"地点"(在"论证地点"中)等指向物理空间的位置、事件或事物是错误的,同样意义上说一本论几何的书中有关三角形的定理是有关印刷在该书中的物理三角形也是错误的,但是,这并不是提议这一定理是有关某些"抽象三角形"的,而是说我们存在着概念系统的混淆。

数理逻辑中的词语"用法"、"提及"、"句法"、"名称"、"指称"的专门数学使用与这些词语连接着实际语言功能的普通使用没有多大关系。"对象语言"观念的关键之点是要我们相信相反的东西,不幸的是,这一信念成为当前语言哲学和语言学理论中占主导地位的趋势的基础。当用法 vs 提及和句法 vs 语义的专门概念被转移到实际语言的研究时,人们被诱导着假定,存在着将语言表达式表示为形式的或句法的对象的一般技巧,因为这正是句法的这一元数学概念所要求的。因为"自然语言"不是人工构造物,所以人们甚至设想,一种语言中如所给定的那样存在着这样的形式的句法结构,将它搞清楚正是语言学理论的任务。"对象语言"观念之被引入正是为了看起来似乎句法表示不只是一种构造,而且是对语言中存在的既定的基本结构的描述。一种语言作为"对象语言"是句法表示的方法的投射。似乎实际语言毕竟是根据构造形式系统的句法和语义"建造起来"的。"对象语言"观念的真正目的是要掩盖语言和形式系统间的概念区别,以便"证明"实际语言研究中形式逻辑和元数学的方法的使用。① 这已导致普遍地不能看到普通的非专门含义上的语言表达式和作为某一句法表示系统中的对象的表达式之间的

① 参见卡尔纳普在前面引证的《自传》中的陈述。

区分。语言理论家中间普遍认为,人们在日常的语言使用中实际使用着句法表现的系统。在我看来,这一思维方式曾经是并且依然是对乔姆斯基传统来说根本的观念。它也是当前想产生意义理论的各种努力中的预设(正如本书第 2 部分所表明的)。正是有关实际语言的这一虚假的视角制造了在当前语言哲学中讨论的许多问题(例如,"语言生产性"问题,或者像"物理声音的序列如何能具有意义并表达思想"这样的问题,等等)。

对语言表达式的普通含义上和形式或句法含义上的"句子"或"表达式"的混淆,类似于(或作为其结果)上述提到的术语和公式的两种概念间的混淆。正如在一阶算术的证明论中已经说明的,如同在休恩菲尔德那里所展示的,(至少)存在着三种概念上不同的数学构造:由并列运算所生成的形式表达式,表达着对数进行应用运算的结果的数值项,以及通过逻辑运算的迭代生成的公式。这是项和公式在"通过对项和公式的构造物进行归纳的证明和定义"中被看待的方式,这是当它们在形成规则中被指派句法的表示时它们被给予的方式。但是,在这一含义上,项和公式的类不是通过并列生成的形式表达式的类的亚类。作为这一亚类的是作为"形式对象"的项和公式的句法表示。

我们也可以将这一点表达如下:项或公式不是作为有限的列表或串给定的,后者带有项或公式的外在特质。例如,数值项 SS0 不是作为符号并列的结果给定的。它作为形式对象的表示倒是真的。作为一个数值项,对于将后继操作应用于 0 及其后继者的结果来说,它是作为(普通含义上的)表达式给定的。

这意味着,记法"uv"在休恩菲尔德的阐释中有两种不同含义。在数字 S0 中,它并不是指代应用并列运算的结果,而是指代将后继运算应用于 0 的结果。但是,在形式表达式 S0 中,它指代将并列的二元运算应用于形式表达式 S 和 0 的结果。当休恩菲尔德说:"术语 0、S0、SS0、……被称为数字"时,①他是在前一含义上使用表达式"S0"。同样的,在公式的形成规则中,逻辑常项作为生成公式的运算被给定,而规则描述着将并列系统中的每一公式与一个形式表达式联结起来的方法。形成规则将谓项"u 是一个公式"定义为形式表达式的外在属性。

休恩菲尔德有时在其预期的数学含义上使用符号这一事实被其记法所掩盖,该记法不在公式(项)与其作为形式表达式的表示之间做出区分。看起来似乎每件事都在句法表示的系统范围内完成了。在我看来,概念上表示一阶算术的证明论的更正确方式是,从形成规则和公理开始在预期的数学含义上使用符号,然后引入句法表示的系统,并给出将每一项、公式等与形式表达式联结的方法。例如,如果"~"和"A"是分别与否定运算 ~ 和公式 A 联结的形式对象,那么与公式 ~A 联结的形式对象"~A"就是将并列运算应用于形式对象"~"和"A"的结果。这些规则变换为在并列系统范围内(或在有限序列的演算范围内)对形式表达式进行运算的规则。

但是,请注意,通过"预期的数学含义",我并非意指逻辑学家称为"预期的解释"这样的东西,这里数字在"标准模型"中被指派"指谓",公式被解释为命题。这是基于将术语和公式释义为数学词语的熟悉技巧的另一种解释或翻译(例如,"~A"读为"并非情况 A","∃xA"读为"存在着一个 x 使得 A",等等)。

对于实际语言来说,存在着跟我这里所指出的相同的情况:一种语言的有意义的句子并不是带着外在的有意义属性的词语(或纸上的印记或声音)的序列。用塔尔斯基的用语,人们可以说:"有意

---

① 休恩菲尔德:《数理逻辑》,第 126 页。

义的表达式的类并不是所有表达式的类的亚类。"这倒不如说是人们想在"带有特定结构的语言"的形式表示范围内拥有它的方式,当人们假定句法表示是实际语言的概念基础时,似乎一个句子基本上是一片纸上印记的有限序列,后来才被解释或赋予含义。但是,正如我所尽力表明的,形式的或句法的表示是概念上次要的结构,它们在我们正常的语言使用中一点也不涉及。

"对象语言"的神话也是解释数理逻辑和证明论中许多成果的重要性的基础。通过一般化的归纳定义,句法谓项和关系如"a 是一个数字项"、"u 是一个公式"、"A 是一个公理"、"A 是 B 的直接结果"、"Y 是一个证明"在元数学中被定义为形式对象(我们记住,它们的确是这些术语的数学含义上的有限序列或列表)的外在属性(即作为函项)。显然在数学词语中对这些句法谓项的解读是元数学中陈述许多结果并解释其重要性的基础,例如像在陈述"哥德尔构造了表达其自身不可证明性的句子"中那样。这是什么样的"表达"概念,"句子"在这里又意指什么? 它们不是这些词更普通的含义。它们并非意指当我们说"一个句子表达如此这般"时它们通常所意指的东西。[①] 人们不得不考察哥德尔证明中的数学构造,以便看到它意指什么。

句法谓项被定义为某些数学对象即并列系统中形式表达式的外在属性(函项)。称这样的数学构造为"公式"、"数字"、"定理"、"证明"等当然并不与数学中使用这些词的普通方式一致。这些解

---

① 在哥德尔定理的流行的、神话般的使用中,正如在 D. R. 霍夫施泰特尔(Douglas R. Hofstadter)《哥德尔、艾舍尔、巴赫:一条永恒的金带》(哈门德斯沃斯:企鹅图书,1982 年)中那样,策略是将出现在哥德尔定理的解读中的"表达"的专门含义与该词的普通含义加以同化。这一问题在斯图亚特·山克尔"维特根斯坦对哥德尔定理重要性的评论"中做了讨论,载 S.G. 山克尔(主编):《哥德尔定理聚焦》(伦敦:克鲁姆·黑尔姆,1988 年)。

读以句法表示和所表示的东西之间的"等同"(或无法区分)为基础。这当然意味着,句法谓项的解读中以及元数学的许多成果的陈述中所使用的词语是高度比喻的。

句法构造与它们所表示的东西的混淆同这样的错误观念有关系,即当我们在数学中和其他地方使用一种语言时,我们某种程度上在(或许默默地)应用或使用句法的或形式的表示的系统。(某些人甚至似乎认为,在人的大脑中存在着这样的可以与计算机程序相比的进行"句子语法分析"的系统。)正如在本书第1部分所已指出的,在我看来,这一观念的一个重要来源可以在希尔伯特形式化的自然主义概念中发现。让我们根据这里所谈论的内容再看看这一点。

希尔伯特在说明其形式化概念时涉及代数。希尔伯特指出,在代数中,我们认为"由字母构成的表达式是自身独立的对象"。① 如果我们以这一方式看待普通算术的表达式,那么它们将是"……由我们的感性直觉来考虑的具体对象,按照某些规则从一个公式推导出另一公式取代基于内容的数论证明"。这里错误的地方是这样的观念,即代数中的演算是本质上不同于普通算术中的演算的东西。代数演算并不比算术中的普通演算更专门或更关心具体对象的操作。希尔伯特根据普通代数演算的形式表示或专门化在思考。他认为似乎代数中(例如在布尔代数中)的演算的日常人类实践是这类形式表示的应用。但是,在代数的演算的日常实践中,表达式并不像在普通算术中那样被看做具体的"自身独立的对象"。代数中(跟在算术中一样)表达式的特征是由对表达式进行运算的数学规则决定的。差别在于规则不同。

似乎正是演算的形式表示(例如作为图灵机器)与演算的日常

---

① 希尔伯特:"论无限",第 379 页。

数学实践的这一混淆导致某些人忘记了,当我们说计算机演算时,我们不得不与"演算"一词的比喻的或专门的使用打交道。当这一点被忘记时,看起来似乎演算的日常人类实践倒成为形式表示的应用。演算的人类活动被错误地当成由两部分组成,一个是物理的(专门的、形式的、句法的)部分(专门符号操作),另一个是处于上层的心理的(意向的、直觉的、语义的)部分(解释、理解),按照心灵哲学中机械论的某些主张①,后者最终可被还原为前者。认为人类活动有物理的(或行为的)部分的观念是将语言当做"对象语言"的观念的直接副本,两种观念都是构造形式表示的某些方法的投影。

可计算性与可判定性

前面几节所讨论的数学哲学中的大多数问题都涉及植根于将普通数学当做关于某种"理想对象"的科学以及当做在"理想化的含义"上使用像"迭代"、"列表"、"取遍"等概念的概念上错误的观念。另一些例子是联系到丘奇论题、图灵机器和陈述递归论的成果的重要性时使用的可计算性和可判定性概念。这些概念有时被认定具有可计算性和可判定性的普通含义的"理想化"的含义,而普通含义指向演算的实际实践。有时据说,理想化的含义上的"专门程序"是"可以由适当设计的机器完成"的程序。但是,必须补充说,"我们心中所具有的是理想机器,而不是有限的按照尺寸、机械故障等问题设计的真实机器。"②

这一点当然是真的,即人类借助或不借助某些专门手段完成的

---

① 参见本书第 1 部分对这些观念的讨论。
② 休恩菲尔德:《数理逻辑》,第 107 页。

算法和实际数字演算的特征影响了数理逻辑中可计算性理论的概念和方法的发展,但是,在我看来,涉及关于这些概念的本质性东西的概念上错误的结论常常是从关于其起源的这类事实中得出的。

当希拉里·普特南提出问题时,便与这里所讨论的一个概念问题建立了联系:

> 如果物理宇宙在宏观和微观方面是完全有限的,那么陈述"$10^{100}+1$ 是一个奇数"也许是其真值我们永远无法知道的陈述。因为如果该陈述为真……,那么要通过任何筛选的方法证实它为真或许在物理上不可能……。

> 于是,尽管许多人怀疑连续统假设有真值,但是人人相信陈述"$10^{100}+1$ 是一个奇数"有真值。为什么?"因为该陈述是可判定的"。可是,"该陈述是可判定的",这意味着什么?[①]

普特南的回答是,这意味着"判定该陈述是可能的"。该陈述是"数学上可能的断定"。但是,这是怎样的可能性概念?显然它不是实际演算的可能性,它并不指向应用一种演算方法得出 $10^{100}+1$ 可能因素的实际结果。

通过指明做出这一断言的人相信两个陈述之一"必然为真",普特南力图澄清这一点。这两个陈述的一个如下:"如果通过实际计算积 nm'尝试'了所有的对子 n、m(n、m $<10^{100}+1$),那么在某一情况中会发现积等于 $10^{100}+1$ 。"另一个陈述是任何什么情况下它们的积都不等于 $10^{100}+1$ 。

这里所真正"相信"的是什么? 在一定条件下数字演算的实际

① 希拉里·普特南:《数学:论题和方法,哲学论文集,第 1 卷》,第二版(剑桥:剑桥大学出版社,1979 年),第 54—55 页。

过程将产生这两个结果之一吗？不是，因为在这样的方式中例子已被选出，这些条件从不会获得。① 对于这一点，也许可以这样回答，这些条件从不会在物理上实现，但它们有数学上充足的含义。这在一定意义上是真的，但是，可判定性的这一数学上充足的含义是不同于指向积的数字演算实践的可判定性概念的概念。对这一专门的可判定性（或可计算性）概念来说，在实际结果中结束的数字计算实际过程的存在是非本质性的、在我们的例子中没有的东西（如同已选择的）。关于可计算性的这一专门概念，人们径直同意，对于"可计算性"（或"可判定性"）一词的新的专门使用来说，"阶梯上的任一有限数都可以取遍"（以第 5 节讨论的"有限"的纯数学含义）当做一个约定。

对指向人类（或许在"真实机器"的帮助下）在实践中所可以完成的可判定性或可解决性的普通的字面含义上的这一约定来说，不存在什么论证。这是可计算性和可判定性的根本含义，因为数学以及其应用毕竟是人类活动、实践和技术的一个家族。上面提到的约定并非如下含义上的"理想化"，即"可以决定（解决）"的文字概念的本质特征已孤立出来；相反，它是一整套完全不同的概念——不同是因为，存在计算的"物理上可实现"而且实际上完结的过程，是我们应用于人类（或计算机）的"通过计算方法达到一个决定或结果"概念的本质特征。

当普特南自己认为，在两个陈述之一的真理中，似乎陈述"10^{100} +1 是一个奇数"的可判定性的断言包括指向"实际计算积"的过程以及并非物理上全能实现的信念时，他混淆了可判定性的不同概

---

① 出于这一论证的缘故，我接受普特南有关"物理宇宙的有限性"的带有自然主义预设的例子，尽管对于我打算做出的概念要点来说它并不必要。

念。他自己被误导着认为，似乎存在着纯数学涉及的"数字计算的理想化的过程"，而我们可以（或者宁可说是"理想机器"可以）如此所是地在时空中完成，无须取遍计算的个别阶梯。

因为表达式"实际计算积……"出现于以"如果通过实际计算积……'尝试'了所有的对子 n、$m(n$、$m < 10^{100} + 1)$"开始的陈述，因而显然，这些陈述应该被理解为关于字面含义上通过实际计算加以判定的陈述。因此，如果可判定性的断言是关于"数学可能性"的断言，那么这一可能性一定是通过数字计算的某一实践或方法在概念上被决定的，否则它便不是充分界定的数学可能性。但是，用于数字计算的方法——现有的方法以及将来会被发明的方法——当然的确有其物理的和专门的局限。以数字计算的实际过程为基础判定数字问题的活动必然要有物理局限性，正如其他人类活动那样。任何物理的和专门的局限都"被抽象掉"的"数字演算的实际过程"是一个怪物、一个虚假的图像。普特南的例子便是以物理局限被侵越的方式选择的。这意味着，人们相信其中一个陈述表达着"必然真理"的这一点没有意义，它们并不表达充分界定的数学可能性。

在什么含义上可以正确地说陈述"$10^{100} + 1$ 是一个奇数"是可判定的？在如下的含义上是正确的，即我们说谓项"n 是一个奇数"是"可判定的"，或者"n 是一个奇数"形式的陈述是一个"计算的陈述"。但是，这些是词语"可判定的"和"可计算的"的专门使用，它们不是指向数字演算，而是指向函数的某些演算范围内的函数表达式的演算程序。定义"可计算函数"的问题在联系到数理逻辑中一个函数的新的一般概念时变得尤为重要，它包括作为"命题函项"的

LANGUAGE
A N D
PHILOSOPHICAL
PROBLEMS

谓词。① 许多概念混淆和哲学胡说都产生于可判定性的这一概念与根据数字演算的方法某种问题的可解决性的日常字面含义的同化。

在"可判定的"普通的或字面的含义上，陈述"$10^{100}+1$ 是一个奇数"是不可判定的。它并不是在陈述"13 是一个奇数"或"233 是一个奇数"含义上不可判定的。用于决定后一些陈述的方法无法用于决定第一个陈述。所以，在"可判定的"或"可计算的"这一字面含义上，如果统一用"n"，那么作为计算性的陈述，"n 是一个奇数"形式的陈述不存在说明。但是，存在着对作为递归谓项（甚至原始递归谓项）的"n 是一个奇数"、对作为原始递归函数的这一谓项的"典型函数"p(n)的说明或定义，我们根据这样的规则对此加以运算，即对任一数来说，p(n)有 0 或 1（而不是同时）的值，不管对某一数 n 来说，是否存在着实际得出 p(n)的数字值的方法。我们在递归函数的演算中根据这一规则对 p(n)加以运算，但不是因为我们能够根据对任一 n 实际得出 p(n)值的一个方法对规则给予（非循环的）证实或证明，而是因为这是递归函数的演算中对函数表达式加以运算的方法。

当这一规则被应用于函数 p(n)并将结果翻译为数学词语时，它可以读为："陈述'$10^{100}+1$ 是一个奇数'有一个真值，它要么真要么假，而不同时为真假。"谓项"n 是一个奇数"可以被表示为这样的原始递归谓项（或函数）这一点是下一陈述的本质性数学内容，即谓项"n 是一个奇数"是可判定的;作为一个特定例子，这是其中可以这

---

① 对于函项的这一一般概念（对于由弗雷格、罗素和其他人发展的逻辑系统来说，这是基本概念），存在着发现既定论证的一个函项的值的方法并非本质性的。这一含义上的函项甚至可以依赖于未解决的问题，无论如何成为以古典形式逻辑的规律为基础的充分界定的函项。在函数的这一一般种类范围内划定"可计算的函项"问题的重要性，当然与希尔伯特的有限论和如下的（错误）观念联结着，即函项的这一一般概念是普通数学的逻辑基础的一个基本部分。

样正确说的含义,即陈述"$10^{100}+1$ 是一个奇数"是可判定的。它们全都退回到递归函数的演算。进行断言的某人除了这一点外所表达的便只有依附于数理逻辑中将递归函数(谓项)称为"可计算的"("可判定的")的语言约定了。

对于这一语言约定来说也许有某些很好的理由,但它也是混淆的根源。人们常常声言,它是比语言约定更多的东西。人们坚持认为,陈述"每一递归函数都是可计算的"可以被给定,即使不作为严格的数学证明,至少也作为可信的论证,它不仅是出于术语学约定的适当性的论证,而且旨在做出"认识论上明确的"陈述。这意味着,数学家拥有给予函数的可计算性的"直觉概念",独立于递归函数的概念。在我看来,这是错误的观念。(这一问题类似于第 2 节讨论的集合论中的情况,那里人们宣称具有集合的直觉概念,集合论的定理以此为基础加以"论证")。

让我们看一看对原始递归函数的可计算性所断言的论证。设函数 $f(x)$ 由形式规则 $f(0)=k,f(n+1)=g(n,f(n))$ 来定义,这里我们知道数 k,我们也知道函数 $g(x,y)$ 是"可计算的"。于是,对 f 的"可计算性"的"论证"可以表述如下:"对任一数 n 来说,我们通过首先注意 $f(0)=k$ 来计算 $f(n)$ 的值。如果 $n=0$,我们便完成。否则,我们计算 $f(1)=g(0,k)$。因为 $g(x,y)$ 是可计算的,所以我们可以发现比如 $f(1)$ 的值 k'。这样,以同样方式,我们计算 $f(2)=g(1,k')$ 等等,在由规则预先固定的有限量的步骤之后,我们将达到 $f(n)$ 的值。"但是,这些"有限量的步骤"可能如此大,函数 $g(x,y)$ 可能如此复杂,以至于对人而且对机器来说,要取遍这些步骤实际上是不可能的。将这一"计算"当做数字演算的实际过程也是不可能的。这正是关于可计算性的这一概念人们应该忽视的地方,它当然意味着,这一论证并非指向数字计算的实际过程(它某种程度上仅

在论证中得以总结）。出现在论证中的词语表达式"我们计算
……"、"我们可以发现……值"，并非意指当我们谈论实际数字计
算时所正常意指的东西。我们总的来说也许不可能"发现 $f(n)$ 形
式的表达式的数值"。

这一点所意指的并非这一论证指向某一"不能在物理上实现的
数字演算的抽象过程"，而是我们不得不与像"可计算的"、"我们可
以计算……"、"我们可以发现……值"等这样的语词和表达式的新
用法打交道。在这一新用法中，表达式在函数的某一演算中有其精
确的意义，这一意义以对函数和有限序列（或许不能在物理上表示
为实际列表的序列）的表达式进行运算的规则和方法为基础。但
是，根据这些规则的计算当然与日常的数字演算一样是"物理上可
实现的"。

如果我们接受"可计算的"一词的这一新用法，那么说 $f(n)$ 是可
计算的之真实理由是下列"计算"序列的形式和计算序列的有限性：$f(0)=k,f(1)=g(0,f(0))=g(0,k),\cdots\cdots f(n)=g(n-1,f(n-1))=g(n-1,g(n-2,\cdots\cdots g(0,k)\cdots\cdots))$，即一个值和下一个值之间的一
致关系，正如方程 $f(x+1)=g(x,f(x))$ 所表达的。这一代数演算总
结着数字演算的极长的列表（它不可能"在物理上实现"），这样说并
不对。①

所以，对于原始递归函数 f 的可计算性来说，这一"论证"不是
论证。它是借助所使用的例子引入"可计算性"、"计算"等词语的
新的专门用法的方式。它对于一种说话方式来说更多是范式而不

---

① 正如已经指出的，这里有关函数概念的错误与前面讨论有关集合概念的错误一
样。这一问题是将数值函数看做"理想的或无限的对象"的外延论观点的结果，由
相关的数的"无限列表"形成，它不能作为实际列表"在物理上实现"，但它某种程
度上是实际列表的外延。

是论证。但是,这些术语学的约定是令人误解的,因为它们提议与并不存在的实际数字演算的概念联系。

这些术语学的约定是令人误解的这一点联系到丘奇论题中著名的相反陈述"每一可计算的函数都是递归的"时甚至更为明显。人们一般来说承认,这是我们不能指望证明的陈述,但(正如休恩菲尔德①指出的)"缺乏这样的证明,我们仍然可以指望发现丘奇论题为真的证据"。然而,这里如何能存在证据这样的东西?似乎我们不得不与关于一种已存在但部分隐藏的事态的假设打交道,可是,这一事态并非完全是数学事态,因为它不能被证明。

隐藏在这一观念背后的是借助实际数字计算程序与某类问题的可计算性或可解决性的日常的字面含义的虚假比较。对函数的表达式进行运算的某些程序被按照对个体数进行运算的程序看待和判断,似乎对函数进行演算的规则描述或总结了这样的运算。因为这些运算不能作为对数的运算而直接实现(即它们是"理想化的程序"),所以显然函数的可计算性的直觉概念指向对个体数进行运算的程序的(外延论的)图像。

这些图像从哪里产生?它们是与柏拉图式的理念的以前联结的回忆吗?它们植根于对函数的表达式和对函数进行运算的规则的文字解读。

"函数的有效的可演算性"的"直觉概念"与专门工作一起并以此为基础发展了对递归函数进行定义和运算的方法。在我看来,从希尔伯特、斯科伦、阿克曼、埃尔布朗、哥德尔、克林和丘奇的工作看,这一点显而易见,尽管事实上他们自己经常用文字表达——以数学家典型的方式——似乎概念的精确含义从一开始就在那里有

---

① 休恩菲尔德:《数理逻辑》,第120页。

待去发现。①　但是,这一概念是被发明的,数学家关于有效的可计算性的"直觉"受到他们工作的影响,伴随着对形式系统的构造和对递归函数的演算。所以,认为丘奇论题被发现是"一个可靠的启发式原则",用于推论当一个函数是"直觉上可演算的"时它便是递归的,这并不令人惊奇。然而,将它描述为以一个可以被证据支持的假设为基础的推理,却是令人误解的。

在什么方式上说出现于丘奇论题的可计算性概念对数学来说是重要的概念? 作为起初想成为一种半数学假设的丘奇论题被用于数理逻辑和元数学,在那里据说成为如下论点的基础,即"对许多重要的否定性成果来说:不存在对如此这般问题的有效的可计算函数或判定程序"。②　在休恩菲尔德看来:"为了使用递归性来讨论判定问题,我们必须相信下列陈述的真理:每一可演算的函数或谓项都是递归的。"③但是,很容易看到,丘奇论题从未用于对这些否定结果的证明。例如,除了谓项$(y)\bar{T}_1(x,x,y)$和$(\exists y)T_1(x,x,y)$是非递归的这一结果外,什么是丘奇定理(像克林所指出的)④的数学内容? 有人也许想说,它还包含着下面的结论:"对这些谓项来说,不能存在判定程序;它们是不可判定的"。然而,这不是数学结论,只是元数学词语中对同一数学结果的另一种解读。

对这些否定性结果来说,丘奇论题的功能是对它们作为有关不可判定性的结果给以更有启发的解读(当它们真正成为关于递归的

① 1936 年,丘奇提出了作为"有效地可计算的函数"概念的定义的论题。但是,他此后继续阐释其论证,似乎已是一个假设。(A. 丘奇:"一个初等数论不可解的问题",载 M. 戴维斯《不可判定者》,纽约:朗文出版社,1965 年,第 100 页)。

② 王浩:《数理逻辑概论》(阿姆斯特丹:北荷兰,1963 年),第 87 页。

③ 休恩菲尔德:《数理逻辑》,第 119 页。

④ 克林:《元数学导论》,第 301 页。

不可解性的专门结果时）。当它声称以"丘奇论题的真理"为基础来表达结果的"认识论意义"时，这一解读便误入歧途。

"但是，按照一种算法，图灵可计算性概念没有捕获可计算性的直觉概念吗？"在一定含义上说，是的，但不是在这样的含义上，即对图灵可计算性的专门的/数学的概念的定义某种程度上是以专门的可计算性的某一预存的、独立的"直觉概念"为基础加以论证的。图灵可计算性概念以前一节所讨论的构造句法表示的系统的元数学方法和技巧为基础加以界定。这一数学实践是图灵可计算性概念的概念基础。数学家们关于函数的专门可计算性的"直觉"通过希尔伯特元数学的方法和技巧已印入脑海。出于这一原因，图灵可计算性和递归性的等价是没有支持任何认识论论题的纯数学结果。

重要的是要注意到，图灵机器是对表达式进行操作的规则的一种数学系统。规则被称为"专门的"，但"专门的"一词的这一使用并非与数学的使用相反，它并非意指物理的或前数学的。这些表达式的使用形式是数学的使用形式。例如，据说计算式可以有"任意有限长度"，但"长度"这一概念不是物理的长度，即我们一般来说可以通过实际计算和经验观察确定的长度。它是与有限序列的纯数学连接着的长度概念。

反过来，这并不意味着，图灵机器是实际的物理机器的理想化。图灵机器是形式系统。跟在别处一样，这里的困难在于避免概念的逻辑基础和构造概念的启发源的混淆。令人误导的是图灵机器的"直觉图像"，它产生于与图灵机器关联着的词语即"机器"、"输入"、"输出"、"带"、"内部状态"等。由这些表达式提议的与实际机器的关联并不是逻辑关联。"计算积的一台图灵机器"指向算术运算的一种形式表示,人类为了计算积可以遵循的一套规则系统。①
正如本书第 1 部分所已指出的,这是隐藏在将图灵机器(或一个程
序)当做计算活动的行为者这一概念背后的错误类比。有时在"人
类可计算性"和"机械可计算性"之间做出的区分,像是两种可计算
性,就是以这一虚假类比为基础。

当这一类比被用于相反的方向时,即当计算的人类活动被看做
在执行人类心灵中的程序时,它甚至更糟。这一观念隐藏在这样的
无意义问题之后:"关于人类心灵,丘奇论题是否为真?"②

也许这样认为是很吸引人的,即物理上可以实现却是有限的计
算观念在认识论上要比包含无限量步骤的计算观念更可接受。但
是,这是错误的想法,因为当这两种观念以同样方式进行比较时,包
含着同样的概念错误。应用于函数的可计算性的专门概念按照这
一思维方式看来似乎某种程度上是实际可计算性的普通概念的继
续延伸。然而,它是不同的概念,尽管它可应用于实际的数字可演
算性。对递归函数的定义也许产生一种可以被用于实践的方法,来
发现某些论证的函数的数值。然而,使这一函数成为可计算的不是
这类方法的存在,而是它作为函数演算中的函数被定义和运算的方
式。"接受"包括任何数量的有限步骤(不管多大)的计算过程的理
由是在其论证中获得一致地应用于函数的可计算性概念。

哥德尔认为:"递归函数有重要的属性,即对论证的值的每一集

---

① 一定意义上可以正确地说,"图灵机器不会损坏",或者"它们不消耗电能",或者
"它们的寿命是无限的"等等,但不是作为有关"抽象机器"的事实陈述。如果这
指的是将这些描述形式应用于机械概念,似乎它们是某种非凡的物理的和时间
的现象,这样说没有意义,那么这是正确的。
② 参见本书第一部分第 11 节所引证的戴内特和内尔森的著作。

合来说,函数的值都可以通过有限程序计算出。"①这里出现的"有限"概念当然是纯数学的概念。所以显然,这里所讨论的与可计算性概念有关的问题与第 5 节讨论的"有限"的不同含义的混淆有紧密关系。"有限"一词在专门的数学含义上被使用,我们在有限序列的演算和有限基数的理论中发现这一含义。作为可实际认作个体事物总体的"有限"只被看做专门的数学概念的特殊情况,依据在于,后者对实际事物的有限集合和序列有所应用。但是,正如第 5 节所说明的,这一含义上的"有限"是不同的概念,是某种含义上先于专门的/数学的概念的概念。人类所完成和构造的实际计算、演算、列表、证明等在这一含义上是有限的,即使它们是有限序列演算中的计算。

因为"有限"的纯数学概念被当做根本的概念,支配数理逻辑中谈论"计算的有限过程"的规则便是关于有限序列的数学理论的规则,而不是像在实际人类实践中完成(不管是否借助计算机)的那样用于我们的计算概念的规则。在将这些"计算的理想化的有限过程"看做一系列个别计算步骤的外延论图像背景上,这一谈论被认为有意义。于是,我们也可以这样指出这里所包含的错误,即关于有限序列和有限集合的数学概念的外延论观点与关于无限集合和序列的外延论观点一样错误。

相反的观点,认为关于有限的数学被广泛地看做是认识论上的安全地基的观念,是隐藏在希尔伯特有限论背后的根本观念。希尔伯特从自然主义的观点维护这一观念,②这里"有限"的不同含义被同化了,就是说,从应用数学的观点看,有限的数学概念在这里被用作根本性的概念。奇怪的是,这一观念已被如此广泛地接受——甚

---

① 库尔特·哥德尔:"论形式的数学系统的不可判定命题"(1934 年),载 M. 戴维斯(主编):《不可判定者》(纽约:朗文出版社),1965 年,第 43—44 页。

② 见希尔伯特的论文"论无限"的开头。

至是在反对希尔伯特观念的人们中间(包括现代直觉主义者和证明理论家,他们将直觉主义的方法和概念看做是在扩展有限性观点的方法和概念)。

有一个原始递归函数 $f(x)$ 和一个数 n,其中 $f(n)$ 的数值不仅不知道,而且不能被确定。但是,显然也存在着可以这样正确地说的含义,即"有一个特定的数,它是 $f(n)$ 的数值"。按照外延论观点,$f(n)$ 的这一数值作为个体数、一个"抽象对象"存在,但它是我们不能实际确定的数。如果我们拒绝外延论观点,那么我们似乎被迫将函数的数值的存在等同于根据数字演算的某一方法实际决定它的实践可能性。然而,我们不是也一定在拒绝这样的陈述,即有一个特定的数,它是 $f(n)$ 的数值,或者归根到底同样的是,$f(x)$ 是充分界定的数字函数。

假定某人指出,他已规定一个原始递归函数有显著的属性,即该函数对某些论证来说没有数值。我们对这一信息的反应不会是"那太好了"而是"你一定弄错了,如果你对原始递归函数正确应用了规则,那么你就不会得出这样的结果"。关于是否存在对某些论证来说没有值的原始递归函数,不存在数学的问题。原始递归函数对每一论证来说都有特别确定的值,这一命题并不在可以被证明或被演算证实的数学陈述的同一含义上表达"数学真理"。对函数表达式来说,它是一个逻辑语法命题。它表达我们在其中对递归算术的函数表达式进行运算的方式的本质特征。例如,我们可以引入常项 k 作为 $f(n)$ 的数值(例如,"设 $f(n) = k$,那么……"),我们以 k 作为常项进行运算,我们用数变元代替 k,等等。

出于同样理由,对于原始递归的图式情况是否真正定义一个函数,即对于是否"存在一个满足某些递归方程的独特函数",不存在有待通过证明或演算来解决的数学问题。通过原始递归定义函数的方法是函数表达式的新的使用形式、数字函数的新概念——在它不可还原为其他数学概念含义上的新概念。对于这一概念不存在超越如下事实的进一步"论证",即它作为对数字函数的表达式进行演算的实践而存在。"接受"这一演算实践的一部分在于"接受"这样的陈述,即存在着满足原始递推的图式情况的独特函数——然而,不是作为关于该图式中表达式指向的某种隐藏实在的假设,而是作为对原始递归函数的符号体系的逻辑语法的陈述。

如众所周知的,借助归纳在证明的基础上通过原始递归力图直截了当地论证定义的结果是"循环论证",这是当人们试图论证或定义一个逻辑形式时一般发生的情况。

将逻辑形式(或概念)看做函数的弗雷格也犯了相关的错误,将有关满足原始递归的图式情况的函数的存在的陈述看做有待证明的数学命题。他反对 H. 格拉斯曼对两数之和 a + b 的递归定义,其依据是,该定义并没有得到所定义的函数的存在和独特性的论据的论证。① 弗雷格的态度与他想将基本的算术运算还原为其他东西的期望有关。②

f(n) 的数值由定义该函数的规则决定是在什么含义上说的。对数变元 x 的某些值来说,决定 f(x) 值也许在字面上是可能的(即使没有人做出)。当人们在一般情况下说,对每一 x 来说,f(x) 的值是参照定义该函数的递归规则被确定的时,人们是在比喻含义上使用表达式"是被确定的"。人们正陷入概念上不同的情境间的形式相似性。按照外延论观点,人们将表达式"是被确定的"的这后一使用无论如何当做直接的使用,但与被用于有关另一"事物的理想的或抽

---

① D. 弗雷格:《算术基础》(1884 年),第 8 页。
② 这一点被亚德森·C. 韦博(Judson C. Webb)指出:《机械主义、心理主义和元数学:论有限论的论文》(1980 年),第 45 页。

象的领域"有区别,这里函数的所有值某种程度上都已被确定,但超出我们的能力。概念区别被变换为"事实的"或"本体论的"区别。

在字面含义上,f(n)的数值在被实际演算前不能确定,f(n)的数值可以被确定这一点指的是存在着实际确定它的方法。但是,要在比喻含义上说所有数值通过定义该函数的规则都被确定或可以被确定,就是要说不比规则定义函数更多的东西,该函数是"充分界定的"原始递归函数。我们将规则识别为原始递归的图式情况;我们对 f(x)进行运算,就像我们对原始递归函数进行运算一样,等等。按照外延论观点,"是被确定的"的这些不同含义的同化使得看起来似乎函数本身已得出了所有的数值。

我们对 f(n)进行运算,似乎我们能直接地取遍任何有限数量的计算步骤。我们用数变元代替 f(n),似乎 f(n)的值能够直接地被确定;我们谈论 f(n)的数值,似乎它实际存在着。这里"似乎"意味着:使用我们在函数的值可以被直接确定的那些情况中使用的规则,某些情况在其中可以被数字演算证实的规则。

将一个函数例如其论证和值为数的一个函数通常说明为数对数的映射或数的关联,常常以外延论图像为基础。[①] 概念上重要的是,函数(比如集合)是数学表达式的不同使用形式,一种不能根据对个体数进行运算的规则加以还原或定义的使用形式。例如,由方程 y = 2x 定义的函数 y = f(x)不能根据无限列表(1,2)、(2,4)、(3,6)、……解释为个体数的关联,因为这并不直接是关联的个体数的列表,而是函数的另一表达式。

在"是被确定的"的字面含义上,我们这样说人们也许会同意:一

---

① 这里令人误解的一直是关于"数学的算术化"的观念,即把数学当做"从底层"建立起来的一个概念等级结构的图像。

个函数的值是被确定的这一事实完全可以作为计算在纸上(或在计算机上)表达。我的观点是,关于其中"f(n)是被确定的"的其他含义,相应的断言是真的,尽管它一般不能根据数字演算加以表达,但倒是完全显现于我们对函数和有限序列的表达式进行运算的方式。

用于"有限对象"的表达式比如集合和函数并不表示某一超验领域的实体,这些实体对我们来说只是部分地或非直接地可接近的。关于数学的无限的或理想的对象,不存在什么(依照必然性)隐藏的东西。这正是在某一问题被解决前、某些表达式被给予精确的数学含义前看待它的方式。当我们对问题的理解是以与其他情境的类比为基础时,这一看待问题的方式也许涉及概念上不同的种类,尽管在语言形式上有相似性。在这一问题情境中,我们倾向于认为,似乎对问题的解决已经存在某处,只是不跟我们在一块儿,或者似乎在通过发明确定含义的方法或技巧而制定含义之前,表达式(例如关于"可计算性")的精确含义就已在那里有待发现。这是要认为,似乎数学中的新的概念、方法和实践不是真正的新颖,只是对我们而言是新的。

参考文献

Baker, G. P. and Hacker, P. M. S., *Scepticism, Roles and Language*, Basil Blackwell, Oxford, 1984.

Baker, G. P. and Hacker, P. M. S., *Language, Sense, and Nonsense*, Basil Blackwell, Oxford, 1984.

Bar – Hillel, Y., *Aspects of Language, Essays and Lectures on Philosophy of Language, Linguistic Philosophy and Methodology of Linguistics*, North – Holland, Amster – dam, 1970.

Beardsley, M. C., *Aesthetics, Problems in The Philosophy of Criticism*, Hackett, Indianapolis, 1981.

Boden, M., *Artificial Intelligence and Natural Man*, Harvester Press, Hassocks, 1977

Born, R. (ed.), *Artificial Intelligence*, The Case Against, Croom Helm, London, 1987.

Brouwer, L. E. J., *Collected Works*, vol. 1, ed. A. Heyting, North – Holland, Amsterdam, 1974.

Buchanan, B. G., 'Artificial intelligence as an experimental science', in J. H. Fetzer (ed.), *Aspects of Artificial Intelligence*, Kluwer Academic Publishers, Dordrecht, 1988.

Cantor, G. *Gesammelte Abhandlungen*, Springer – Verlag, Berlin, 1932.

Carnap, R., 'Autobiography', *in The Philosophy of Rudolf Carnap*, P. A. Schilpp (ed.), Open Court, Illinois, 1964.

Chomsky, N., *Syntactic Structures*, Mouton, The Hague, 1976.

Church, A., 'An unsolvable problem of elementary number theory', in M. Davis, *The Undecidable*, Raven Press, New York, 1965.

Curry, H. B., 'Language, metalanguage and formal system', *The Philosophical Review*, vol. 59, 1950, 346 – 53.

Davidson, D., *Inquiries into Truth and Interpretation*, Clarendon Press, Oxford, 1984.

Davidson, D., 'Truth and meaning', in J. Kulas et al. (eds), *Philosophy, Language and Artificial Intelligence*, Kluwer Academic Publishers, Dordrecht, 1988.

Dennett, D. C. , *Brainstorms*, Harvester Press, Hassocks, 1979.

Dretske, F. , 'Machines and the mental', *Proc. and Addresses of the American Philosophical Assoc.* , 59, 23—33.

Dummett, M. , 'What is a theory of meaning?', *in Mind and Language*, ed. Samuel Guttenplan, Clarendon Press, Oxford, 1975, 97 – 138.

Dummett, M. , *Elements of Intuitionism*, Clarendon Press, Oxford, 1977.

Dummett, M. , 'What do I know when I know a language?' Lecture held at the Centenary Celebrations of the Stockholm University, 1978.

Dummett, M. , 'Reply to Dag Prawitz', in Taylor, B. M. (ed.), *Michael Dummett. Contributions to Philosophy*, Martinus Nijhoif, Dordrecht, 1987.

Evans, G. and McDowell, J. (eds), *Truth and Meaning. Essays in Semantics.* Clarendon Press, Oxford, 1976.

Fetzer, L. J. H. (ed.), *Aspects of Artificial Intelligence*, Kluwer Academic Pub Lishers, Dordrecht, 1988.

Fodor, J. F. , *The Language of Thought*, Thomas Y. Crowell Co. , New York, 1975.

Frege, G. , *Die Grundlagen der Arithmetik*, Verlag von Wilhelm Koebner, Breslau, 1884.

Gödel. K. , 'On undecidable propositions of formal mathematical systems' (1934), in M. Davis (ed.), *The Undecidable*, Raven Press, New York, 1965.

Grassmann, H. , *Die Ausdehnungslehre uon* 1844 *oder Die Zineale Ausdehnungslehre*, Leipzig, l878.

Haaparanta, L. , 'Analysis as the method of logical discovery: some remarks on Frege and Husserl', *Synthese*, vol. 77, 1988, 73 – 97.

Harris, R. , *The Language Machine*, Cornell University Press, New York, 1987.

Herbrand, T. , *Recherches sur la theorie de la démonstration*, Travaux de la Sociétédes Sciences et des Lettres de Varsovie, Classe III sciences mathématiques et physiques, no. 33, 1930.

Herbrand, J. , 'On the consistency of arithmetic', in J. van Heijenoort, (ed.), *From Frege to Gödel*, Harvard University Press, Cambridge, Mass. , 1977, 618 – 28.

Heyting, A. , *Intuitionism: An Introduction*, North – Holland, Amsterdam, 1956.

Hilbert, D. , 'Axiomatisches Denken', Mathematische Annalen 78, 1918, 405 – 15.

Hilbert, D. , 'On the infinite', in J. van Heijenoort (ed.), *From Frege to*

Gödel, 367 – 92.

Hilbert, D. , 'The foundations of mathematics', in van Heijenoort, From *Frege to Gödel*, 466 – 79.

Hilbert, D. and Bernays, P. , *Grundlagen der Mathematik I*, 2nd edn, Springer Verlag, Berlin, 1968.

Hintikka, T. , 'On the development of the model – theoretic viewpoint in logical theory', *Synthese*, 77, 1988, 1 – 36.

Hintikka, M. B. and Hintikka, J. , *Investigating Wittgenstein*, Basil Blackwell, Oxford, 1986.

Hofastadter, D. R. , *Gödel, Escher, Bach: An eternal Golden braid*, Harmonds worth, penguin Books, 1982.

Husserl, E. , 'Philosophy als strenge Wissenschaft', Logos, vol. I, 1910 – 11,289 – 341. Translated as 'Philosophy as Rigorous Science' in E. Husserl, *Phenomenology and the Crisis of Philosophy*, Lauer, Q. (trans.), Harper & Row. New York, 1965, 71 – 147.

Husserl, E. , *Logische Untersuchungen*, vol. II, part 1, ch. 4, rev. second edn, 1913.

Katz, J. J. and Fodor, J. A. , 'The structure of a semantic theory', *Language*, Vol. 38, 1962, 170 – 210.

Kelly, K. T. , 'Artificial intelligence and effective epistemology', in Fetzer, *Aspects of Artificial Intelligence*, 309 – 22.

Kleene, S. C. , *Introduction to Metamathematics*, North – Holland, Amsterdam, 1967.

Kripke, S. , *Wittgenstein on Rules and Private Language*, Basil Blackwell, Oxford, 1982.

• Levinson, S. C. , *Pragmatics*, Cambridge University Press, Cambridge, 1983.

Lyotard, J. – F. , *The Differend, Phrases in Dispute*, G. Van Den Abbeele (trans.), Manchester University Press, Manchester, 1988.

Martin Löf, P. , *Intuitionistic type Theory*, Bibliopolis, Napoli, 1984.

Martin Löf, P. , 'Truth of a proposition, evidence of a judgement, validity of a proof', *Synthese*, vol. 73, 1987, 407 – 20.

Montague, R. , 'Universal grammar', *Theoria*, 36, 1970, 373 – 98.

Moor, J. H. , 'The pseudorealization fallacy and the Chinese room argument', in Fetzer, *Aspects of Artificial Intelligence*, 35 – 53.

Nelson, R. J. , 'Church's thesis and cognitive science', Notre Dame Journal of, *Formal Logic*, vol. 28, no. 4, October 1987, 581 – 614.

Pap, A. , *An Introduction to the Philosophy of Science*, The Free Press, New York, 1962.

Poincaré, H. , 'Les Mathématiques et la logique', *Revue de métaphysique et de Morale*, vol. 13, 1905, 815 – 35, vol. 14, 1906, 17 – 34, 294 – 317.

Prawitz, D. , 'Dummett on a theory of meaning and its impact on logic', in B. M. Taylor (ed.), *Michael Dummett. Contributions to Philosophy*, Martinus Nijhoff, Dordrecht, 1987.

Putnam, H. , *Mathematics, Matter and Method, Philosophical Papers*, volume I, second edn, Cambridge University Press, Cambridge, 1979.

Quine, W. V. O. , *Mathematical Logic*, revised edn. , Harper & Row, New York, 1951.

Quine, W. V. O. , *Word and Object*, MIT Press, Cambridge, Mass. , 1960.

Rapaport, W. J. , 'Syntactic semantics: foundations of computational natural - language understanding', in Fetzer, *Aspects of Artificial Intelligence*, 81 – 131.

Russell, B. *Introduction to Mathematical Philosophy*, Allen & Unwin, London, 1919.

Russell, B. and Whitehead, A. N. , *Principia Mathematica*, vol. 1, 2nd edn. , Cambridge University Press, Cambridge, 1950.

Sayre, K. M. , *Recognition: A Study in the Philosophy of Artificial Intelligence*, University of Notre Dame Press, Notre Dame, Indiana, 1965.

Searle, J. R. , *Intentionality, An Essay in the Philosophy of Mind*, Cambridge University Press, Cambridge, 1983.

Searle, J. R. , *Minds, brains and Science*, Harvard University Press, Cambridge, Mass. , 1984.

Segerdahl, P. , *En kritik av den logiska ordningen i pragmatiken*, Department of Linguistics, Uppsala University, Uppsala, 1988.

Shanker, S. , *Wittgenstein and the Turning – Point in the Philosophy of mathematics*, Croom Helm, London, 1987.

Shanker, S. , 'The decline and fall of the mechanist metaphor' in Born, *Artificial Intelligence, the Case Against*, 72 – 131.

Shanker, S. , 'Wittgenstein versus Turing on the nature of Church's thesis', *Notre Dame journal of Formal Logic*, vol. 28, no. 4, October 1987, 615 – 49.

Shanker, S. , 'Wittgenstein's remarks on the significance of Gödel's Theorem', in S. G. Shanker (ed.), *Gödel's Theorem in Focus*, Croom Helm, London, 1988.

Shapiro, S. C. , 'Representing numbers in semantic networks: Prolegomena', *Proc. 5th Internat. joint Conference on AI* (IJCAI – 77MIT), Morgan Kauf-

Mann, Los Altos, 1977.

Shoenfield, J. R. , *Mathematical Logic*, Addison – Wesley, London, 1967.

Stenlund, S. , 'On the concept of language in some recent theories of meaning', *Synthese*, 79, 1989, 51 – 98.

Stenlund. S. , *Undersöningar i Matematikens Filosofi*, Bokförlaget Thales, Stockholm, 1988.

Tarski, A. , 'The semantic conception of truth', *Philosophy and Phenomenological Research* 4, 341 – 75.

Tarski, A. , 'The concept of truth in formalized languages', in Logic, *Seman tics*, mathematics, Clarendon Press, Oxford, 1956, 152 – 278.

Turing, A. M. , 'Computing machinery and intelligence', Mind, vol. 59, no. 236, 1950, 433 – 60.

van Heijenoort, J. (ed.), *From Frege to Gödel: A Source Book In Mathematical Logic*, 1879 – 1931, Harvard University Press, Cambridge, Mass. , 1977.

Wang, H. , *A Survey of Mathematical Logic*, North – Holland, Amsterdam, 1963.

Wang, H. , *From Mathematics to Philosophy*, Humanities Press, New York, 1974.

Webb, J. C. , *Mechanism, Mentalism, and Metamathematics. An Essay on Finitism*, Reidel, Dordrecht, 1980.

Weyl, H. , 'Comments on Hilbert's second lecture on the foundations of mathematics', in van Heijenoort, *From Frege to Gödel*, 482 – 3.

Winograd, T. 'Is realism for real? ——A response to John Perry's seminar', *CSLI Monthly*, vol. 2, no. 5, 1987.

Wittgenstein, L. , *Tractatus Logico – Philosophicus*, D. F. Pears and B. F. McGuinness (trans.), Routledge & Kegan Paul, London, 1961.

Wittgenstein, L. , *Philosophical Investigations*, G. E. M. Anscombe (trans.), Basil Blackwell, Oxford, 1974.

Wittgenstein, L. , *Remarks on the Foundations of Mathematics*, G. H. von Wright, R. Rhees and G. E. M. Anscombe (eds), G. E. M. Anscombe (trans.), 2nd Edn, Basil Blackwell, Oxford, 1989.

译 后 记

本书的翻译出版颇费周折,现在终于能交给读者,总算了却一桩心愿。1992 年春夏之际,当时笔者为陕西师范大学助教,曾闷头初译了全稿,以当时阅历,出版自然无望。1994 年去北京大学读博,研究方向倒与本书主题暗合,但竟然将本书忘得一干二净。待毕业后想起并校对其中部分,某出版社却又觉得它有些过时。重新拾起本书得益于承担分析哲学的两个课题:陕西省哲学社会科学规划课题(编号 09C002)和陕西省教育厅人文专项(编号 2010JK260),所以本书也算是两个课题的部分成果。

真正的哲学著作并不容易过时,因为它探讨的是些大尺度问题。本书并不因为出版于 20 年前而有丝毫损伤其价值之处,反而因为它所批判的许多哲学倾向在国内仍备受追捧,所以现在译出也许正当其时。作者站在后期维特根斯坦立场上进行细致的概念研究,澄清横跨语言哲学、心灵哲学、逻辑哲学和数学哲学的众多概念混乱,批判一系列跟语言研究有关的专门的概念和方法由于其无视适用范围而引发的哲学问题。这对百多年来哲学经常追捧专门科学的概念和方法,国内哲学界也不断掀起科学化的冲动,无疑是很好的清醒剂。从这个立场看,后期维特根斯坦与其说在消解哲学,倒不如说在以不同于西方古典哲学的方式从科学中挽救哲学。哲学始终与我们的自然之根和文化之根深度联结着,这是科学无论如何无法形式化和再造的,就像不管多么精巧的形式语言也无法容纳自然语言一样。相信读者会从本书中看到维护这一立场的细腻论证。

　　感谢陕西师范大学出版总社有限公司屈瑞新副总编辑,他的慧眼和慷慨帮助使本书能顺利进入出版程序,还要感谢图书出版部主任尹海宏女士和编辑王磊女士,她们为本书的出版做了大量耐心细致的工作。书末参考文献保留原文,便于读者查阅。由于译者水平有限,文中难免错讹之处,敬请识者不吝赐教。

2011 年 7 月 27 日

于西安邮电学院长安校区